Die Autorin
Susanne Hühn schreibt spirituelle Selbsthilfebücher, gibt spirituelle Lebensberatung, Channelings sowie Meditationskurse für Erwachsene und Kinder. Sie ist ausgebildete Lebensberaterin und ganzheitliche Physiotherapeutin. Seit nunmehr fast zwanzig Jahren begleitet sie Menschen auf ihrem Weg zur Genesung. Vor zwölf Jahren begann sie mit dem Schreiben. Zunächst vermittelte sie ihr spirituelles Wissen in Romanform, dann entwickelte sie Sachbücher. Die Autorin wurde in Heidelberg geboren und lebt und arbeitet nun in der Nähe von Darmstadt. Durch ihren eigenen Genesungsweg aus der Beziehungssucht erkannte sie die fast magisch heilende Kraft des äußerst erfolgreichen 12-Schritte-Programmes, das verschiedene Selbsthilfegruppen anwenden. In ihrer im Schirner Verlag erschienenen Reihe „Loslassen" zeigt sie, wie man jenes Genesungsprogramm auch in anderen wichtigen Lebensbereichen hilfreich anwenden kann.

Das Buch
Von allen Schutzengeln an ihre Kinder: Kinder lieben und brauchen ihre Schutzengel, hier lernen sie sie endlich kennen und fühlen.

Die Meditationen hüllen seine kleinen Hörer ein in eine fürsorgliche Wolke aus Worten und inneren Bildern. Sie führen die Kinder in die Ruhe, in innere Welten und in höhere Ebenen des Bewußtseins. Das Buch bietet den Kindern Schutzmöglichkeiten für die verschiedensten Situationen an. Es schenkt Hilfe zur Selbsthilfe, kleine innere Bilder, in die die Kinder wie in einen Mantel schlüpfen können. Egal, ob sich ein Kind Sorgen um jemanden macht, ob es Sicherheit und Geborgenheit braucht oder einfach nur Spaß haben will – mit diesem Buch halten die Eltern Gutenachtgeschichten und wertvolle Lebenshilfe in einem in der Hand. Auch für Eltern, die keinen spirituellen Zugang haben oder wollen, ist dieses Buch sehr von Nutzen, denn es bietet den Kindern eine eigenständige Möglichkeit, sich auf äußerst sinnvolle und heilsame Weise zu beschäftigen und zu beruhigen. Die Eltern erfahren bei jeder Meditation, wozu sie dient. Das innere Bild gibt somit auch in schwierigen Situationen echte Lebenshilfe, zum Beispiel, wenn ein Kind verletzt oder krank ist oder rasche Unterstützung braucht. Sehr liebevoll, praxiserprobt und einfühlsam geschrieben steht das Buch immer auf der Seite der Kinder, erkennt deren spirituelle Bedürfnisse und stillt sie mit den Phantasiereisen.

Susanne Hühn

Wie Dein Schutzengel Dich führt

Meditationen für Kinder

ISBN 978-3-8434-4445-3

Originalausgabe
3. Auflage 2011
© 2005 Schirner Verlag, Darmstadt
Alle Rechte vorbehalten

Umschlaggestaltung: Murat Karaçay
Redaktion & Satz: Eleni Efthimiou
Printed by: FINIDR, Czech Republic

www.schirner.com

Inhaltsverzeichnis

Einführung 11

Vorwort 13

Wie Sie das Buch benutzen können 19

Die Himmelskonferenz 23

Den Schutzengel kennenlernen 27

Mit Delphinen spielen 31

Die Blumenwiese 33

Ein Treffen mit dem Schutzengel 37

In der Rosenblüte 41

In der Kristallhöhle 45

Die goldene Kugel 49

Der weiße Lichtmantel 53

Der Elfenrummelplatz 57

Himmel und Erde verbinden 61

Der Ritt auf dem Tiger 65

Trommeln mit Indianern 71

Der sichere Raum 77

Im Innern des Baumes 83

Der Wasserfall 87

Die Fee der Wünsche 91

Die Schatzkammer 95

Der Seerosenteich 99

Das Stehaufmännchen 103

Die Farbe deiner Freude 107

Notfallmeditationen 111

Die Lichtsäule 112

Die Schutzhülle 113

Lichtsäule schicken 113

Schutzhülle schicken 114

Literaturempfehlungen 116

*Für meine und für alle Mütter.
Mögen unsere Liebe und Fürsorge allen
inneren und äußeren Kindern die Kraft
geben, die sie brauchen, um ihren Weg
liebevoll, mutig und selbstbestimmt zu
gehen.*

Dieses Buch gehört:

So heißt mein Schutzengel:

Einführung

In diesem Buch finden Sie Meditationen und innere Reisen für verschiedene Situationen. Die Geschichten wollen Ihrem Kind helfen, stärker, stabiler, konzentrierter, aber auch leichter, lustiger und glücklicher zu sein, je nachdem, was es gerade braucht. In allen Meditationen wird Ihr Kind von seinem Schutzengel begleitet, damit es einen inneren Ansprechpartner hat, der es führt und beschützt. Außerdem finden Sie »Notfallmeditationen«, innere Bilder, die Sie mit Ihrem Kind üben sollten, damit es sich in dringenden Fällen rasch schützen kann.

So ein dringender Fall kann zum Beispiel ein überfüllter Supermarkt sein. Kinder, die sich zwischen den Regalen schreiend und strampelnd auf den Boden werfen, halten oft einfach die viel zu aggressive, gehetzte Energie nicht aus. (Mit Recht, oder? Und würden Sie sich nicht manchmal gerne dazulegen und mitschreien?)

Wie wäre es damit?

Sie halten inne – atmen ein paarmal tief durch – besinnen sich – rufen Ihren Schutzengel um Hilfe – bieten Ihrem Kind eine Lichtsäule oder einen Schutzmantel an, die Sie im »Notfallteil« kennenlernen – legen sich vielleicht selbst auch einen solchen Mantel um und beenden in Ruhe Ihren

Einkauf. (Oder, aber das ist nur für wirklich Fortgeschrittene: Sie überdenken die Situation noch einmal und brechen den Einkauf eventuell ab? Manchmal ist es das beste, einfach zu gehen ...)

Schon gut, ich weiß, ich muß auch manchmal Dinge tun, die ich nicht tun will ... aber manchmal glaube ich es auch nur. Wenn ich mich dann für eine bessere Lösung öffne, kommt sie wie aus dem Nichts dahergeschwebt ...

Vorwort

Mit Einhörnern und Elfen spielen, mit dem Schutzengel lachen, im Traumland spazierengehen – all das kann Ihr Kind bereits, aber vielleicht hat es im Wirrwarr der alltäglichen Anforderungen vergessen, wo seine Seele zu Hause ist.

Wir wissen, wie unendlich wichtig es für uns, aber erst recht für unsere Kinder ist, einen Bezug zur eigenen, äußerst kreativen und spirituellen Kraft zu erhalten. Und wir wissen auch, wie rasch wir den Kontakt verlieren, wenn wir erst beginnen, in »der Welt da draußen« zu funktionieren.

In diesem Buch bekommt Ihr Kind Raum, in sich selbst spazierenzugehen, Kraft zu schöpfen, sich mit seinem spirituellen Ursprung zu verbinden und Vertrauen zu sich selbst zu bekommen. Es schafft einen inneren und äußeren Rahmen, in dem Sie sich auf einer ganz neuen Ebene mit Ihrem Kind treffen können. Wenn Sie für die inneren Bilder, die Ihnen vielleicht beim Vorlesen selbst begegnen, offen sind, dann wird auch die Verbindung zu Ihrem Kind inniger und leichter werden.

Farb- und Lichtatmen, geführte Meditationen und achtsames Sprechen über die erlebten inneren Bilder führen Ihr Kind sanft zurück in seine Mitte; so spürt es, daß es ernst genommen wird und seine Erlebnisse wichtig sind.

Die Elfe, der Engel oder der kleine Zwerg in Ihrem Kind bekommt Raum, sich auszudrücken, und Ihr Kind lernt, diese innere Kraft wahrzunehmen und im Alltag auf seine ganz persönliche Weise umzusetzen. So muß es sich nicht länger in sich selbst zurückziehen, um einfach es selbst zu sein. Je offener Sie Ihrem Kind auf dieser Ebene begegnen (und je mehr Sie das Urteilen und Hinterfragen lassen!), desto inniger und kraftvoller wird auch die Bindung zu Ihrem Kind werden. Sie begegnen sich tatsächlich auf einer vollkommen neuen Daseinsebene.

Wenn Sie Ihrem Kind dieses Buch vorlesen, dann wäre es wunderbar, wenn Sie sich selbst mit spirituellen Themen beschäftigen oder ein wenig offen dafür sind. Denn Ihr Kind braucht die Möglichkeit, das Erlebte zu erzählen, und es ist sehr wichtig, daß Sie wissen, wovon es spricht, wenn es »mein Schutzengel« sagt. Alles, was Ihr Kind erlebt, ist real, auch wenn es auf anderen Ebenen stattfindet. Deshalb braucht es eine häusliche Umgebung, in der es das Erlebte im normalen Alltag umsetzen kann. Es ist außerdem sehr sinnvoll (und Kinder lieben es), wenn Ihr Kind nach der Meditation Zeit bekommt, zu malen, was es erlebt hat.

Dieses Buch bezieht ausdrücklich die Schutzengel der Kinder mit ein. Der Schutzengel begleitet jede Geschichte, gibt auf magische Weise Kraft, Mut oder Antworten – je nachdem, was Ihr Kind in der Meditation braucht. Der Schutzengel ist der innere Ansprechpartner, so daß Ihr Kind auch in seinen inneren Räumen nie allein ist.

Vielleicht fragt sich nun der eine oder andere von Ihnen dennoch, wozu Kinder Schutzengel brauchen.

Darauf gibt es verschiedene Antworten, ich biete Ihnen zwei an.

Erstens:

Ihre Kinder werden sich nie allein fühlen, wenn sie wissen, daß es zumindest in ihrer Vorstellung kosmische Helfer gibt, an die sie sich immer wenden können; auch dann, wenn Sie, die Eltern, nicht verfügbar sind. Kinder haben viele Fragen, die wir, die Erwachsenen, nicht immer richtig beantworten können. Wenn Kinder sich nach innen wenden und Verbindungen zu höheren geistigen Wesen erleben, verstehen sie vieles besser und finden Heimat auch auf Ebenen, die uns, den Eltern, vielleicht nicht immer zugänglich sind.

Zweitens, und das ist meiner Ansicht nach die wichtigere Antwort:

Kinder brauchen ihre Schutzengel nicht erst zu suchen; sie haben sie bereits, so wie wir alle. Also macht es doch Sinn, diesen Kontakt zu pflegen, nicht wahr? Engel sind Botschafter, so die Definition des Wortes »angelus«. Sie erinnern uns (wenn wir sie fragen) an unseren Seelenplan; den Plan, den wir als die hochspirituellen Wesen, die wir sind, auf dieser wunderschönen Erde verwirklichen wollten.

Übrigens – wann haben Sie eigentlich zum letzten Mal mit Ihrem Schutzengel geredet?

Herzlich willkommen in diesem Buch!

Eine Bemerkung am Rande für alle, die Angst haben, ihre

Kinder könnten durch Meditationen in geistige Welten entschweben: Fast alle Kinder bewohnen bereits diese geistigen Welten, vor denen viele von uns große Angst haben.

Je selbstverständlicher und offener Ihr Kind mit seinen Engeln und anderen inneren und höheren geistigen Wesen reden und spielen darf, desto weniger braucht es zu entschweben. Es geht in diesem Buch gerade nicht um das innere Abheben, sondern darum, den Zugang zu geistigen und inneren Welten in den ganz normalen Alltag zu holen. Wenn Ihr Kind beim Frühstück mit seinen Schutzengeln reden darf und kann, dann braucht es keinen gesonderten inneren Rückzug mehr.

Und wer weiß, vielleicht zeigt Ihnen Ihr Kind sogar, wie auch Sie einen besseren Zugang bekommen können.

Noch etwas Wichtiges: Ich hoffe zwar, daß dies überflüssig ist, aber wer weiß? Verzeihen Sie mir bitte, wenn ich Ihnen zu nahe trete, aber mir liegt, genauso wie Ihnen, das Wohl der Kinder am Herzen.

Bitte stellen Sie nie in Frage, was Ihr Kind in seinen Meditationen erlebt. Es öffnet sich durch die Geschichten auf vielleicht nie gekannte Weise und erlaubt Ihnen – wenn es Ihnen erzählt, was es innerlich wahrnimmt – in Bereiche Einblick zu nehmen, die äußerst verletzlich und leicht zu stören sind. Wenn Sie Ihr Kind in diesen Bereichen zwar unbeabsichtigt, aber dennoch effektiv beschämen, kritisieren oder in Frage stellen, verschließt es sich wahrscheinlich – und das zu Recht. Diese inneren Bereiche sind höchst individuell und müssen geschützt werden. Wir dürfen unsere Kinder fragen, was sie erlebt haben, sie aber nie kritisch hinterfragen oder ihre Grenzen überschreiten. Das Zauberwort heißt: Respekt.

Nur weil wir selbst beschämt und verletzt sind, brauchen wir diesen Kelch noch lange nicht weiterzureichen. Und vielleicht heilt das Buch ja Ihr inneres Kind gleich mit?

Wie Sie das Buch benutzen können

Schaffen Sie eine ruhige Atmosphäre: langsame, ruhige Musik und eine Kerze wären schön, sind aber nicht wirklich wichtig.

Wirklich wichtig ist, daß Sie sich tatsächlich die Zeit nehmen, Ihrem Kind in aller Ruhe vorzulesen und mit ihm über das Erlebte zu sprechen. Es gibt zu diesem Buch auch eine CD, in der ich die Meditationen spreche, aber Ihre Stimme, die Stimme der Mutter oder des Vaters (oder der Großeltern), geben Ihrem Kind schon so viel Ruhe, Kraft und Geborgenheit, daß die Worte gar nicht mehr so wichtig sind. Wenn Sie also in sich selbst ruhen und mit all Ihrer Liebe wirklich da sind, dann brauchen Sie keine Kerzen, Musik oder andere Hilfsmittel.

(Schön sind ein paar Utensilien natürlich trotzdem, sie schaffen einen ritualisierten Übergang zwischen äußerem und innerem Erleben. Besonders hilfreich sind ein kleines Glöckchen oder eine Klangschale, mit der Sie nach jeder Meditation einen Ton anschlagen. Das schafft einen immer gleichen und damit leichten Übergang zurück in das »normale« Bewußtsein.)

Machen Sie sich keine Gedanken darüber, ob Sie die Worte

auch wirklich »gut genug« formulieren; es ist Ihre ruhige und bewußte Anwesenheit, die dem Kind Ruhe gibt.

Lesen Sie langsam, und erlauben Sie Ihrem Kind, die Bilder auch wirklich zu sehen – machen Sie also Sprechpausen. Nach ein paar Geschichten werden Sie spüren, wie rasch sich Ihr Kind auf die inneren Bilder einstellen kann. Wenn Sie Ihr Kind zu Beginn bitten, immer zu nicken, wenn es sieht, was Sie ihm vorlesen, dann bekommen Sie ein Gefühl dafür. Die Fragen im Text darf das Kind laut oder leise beantworten, je nachdem, wie sehr es sich öffnen kann und will, und wie sehr es in seine inneren Bilder versunken ist.

Sie brauchen nicht unsicher oder ungeduldig zu werden, wenn Ihr Kind anfangs nur wenig mitteilt oder wahrnimmt – das ist wirklich Übungssache. Auch in meinen Kindergruppen gibt es immer wieder Kinder, die zappeln und die Augen geöffnet halten; aber wenn ich frage, wie es ihnen gefallen hat, sind sie ganz begeistert. Sie erleben dennoch alles mit, das zeigen die Bilder, die sie im Anschluß der Meditation malen dürfen.

Und wenn sich Ihr Kind gar nicht entspannen kann, dann nehmen Sie es einfach in den Arm, halten es und sind nur da. Wie Sie ihm Kraft schicken können, erfahren Sie bei »Notfallmeditationen«.

Manchmal habe ich die Meditationen ausführlicher erklärt, manchmal sprechen sie für sich. Falls Sie doch zu einer Meditation Fragen haben, scheuen Sie sich bitte nicht, mir eine E-mail zu schreiben. Die Adresse finden Sie am Ende des Buches.

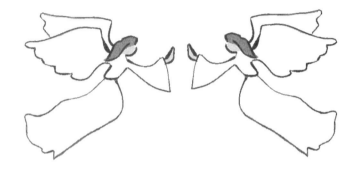

Die Himmelskonferenz

Weißt du eigentlich, was ein Schutzengel ist?
Das ist ein Engel, der dich dein ganzes Leben lang begleitet, dir hilft, wenn du allein nicht mehr weiterweißt und der immer für dich da ist. Er erinnert dich daran, was du eigentlich auf der Erde tun wolltest, warum du überhaupt hier bist.
Wenn du ihn rufst und dann ganz leise bist, kannst du ihn sehen, fühlen oder hören. Jeder Mensch, jedes Tier und jede Pflanze hat einen Schutzengel. Ein Schutzengel kann an vielen Orten zugleich sein; er kann hinter dir stehen und auf dich aufpassen und gleichzeitig mit anderen Engeln reden. Die Schutzengel reden sehr viel miteinander, aber nicht wie Menschen, laut und in Worten, sondern durch Gedanken und Farben.

Und weil sich Schutzengel von allen Engeln am besten mit Kindern auskennen, denn sie begleiten die Kinder ja immer, haben sie sich eines Tages alle im Himmel getroffen.

Sie hatten nämlich gehört, daß viele Kinder gar nicht wissen, daß sie einen Schutzengel haben. Außerdem schien es Kinder zu geben, die sich oft allein fühlten oder Angst hatten und dann nicht wußten, was sie machen könnten. Die Schutzengel waren darüber ein bißchen erschrocken, und

sie beschlossen, gemeinsam Wege zu finden, diesen Kindern zu helfen. Sie wollten sich Geschichten ausdenken, die allen Kindern Mut und Kraft geben sollen.
Es gab Schutzengel, die sich besonders gut mit Kindern auskannten, die oft Angst hatten. Sie setzten sich zusammen auf eine blau funkelnde, riesige Wolke.

Dazu mußt du wissen, daß die Wolken nicht weiß sind, wenn du sie durch Engelaugen betrachtest, sondern ganz bunt und strahlend. Sie leuchten in den herrlichsten Farben.

Es gab auch Schutzengel, die sich besonders gut mit Kindern auskannten, die sich allein fühlten. Sie setzten sich zusammen auf eine golden glitzernde Wolke. Eine andere Gruppe traf sich auf einer sehr hübschen rosa Wolke; sie unterhielten sich über Kinder, die oft sehr traurig waren. So fand jede Engelgruppe eine bunte Wolke, und du kannst dir sicher vorstellen, daß es sehr hübsch aussah.

Der Himmel glitzerte und leuchtete in den wunderbarsten Farben. Tief leuchtendes Lila für Kinder, die vergessen hatten, daß sie überhaupt einen Schutzengel hatten, strahlendes Gold für kranke Kinder. Es gab eine kräftig grüne Wolke – für welche Schutzengel war die wohl gedacht? Na, was meinst du? Eine andere funkelte in den Farben des Regenbogens. Wieder eine andere Wolke glitzerte in Orange und eine besonders schöne war türkis.

Nach einiger Zeit hatten die Engel alles besprochen. Jede Gruppe wählte nun einen besonders mutigen Engel aus. Der sollte den anderen erzählen, welche Geschichten sie sich ausgedacht hatten.

Alle Engel setzten oder legten sich auf eine weiche, weiße Wolkendecke, falteten ihre Flügel zusammen, und einige schlossen sogar die Augen.
Alle waren gespannt, was die verschiedenen Engel zu erzählen hatten.

Warum setzt oder legst du dich nicht auch bequem hin?
Nun wollten sich die Engel vorstellen, sie wären selbst ein Kind, um dann in Gedanken der Geschichte zu folgen.
Magst du das auch tun?

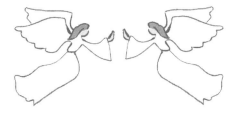

Den Schutzengel kennenlernen

Öffnet den Zugang zum Schutzengel. Bitte nutzen Sie diese Meditation als Einstieg. Wenn Ihr Kind den Namen seines Schutzengels erfährt, dann ersetzen Sie vielleicht bei den nachfolgenden Meditationen das Wort »Schutzengel« durch den tatsächlichen Namen. Sie können den Namen in das Buch hineinschreiben, damit Sie ihn nicht vergessen.

Meditationstext

Du weißt jetzt, daß du einen Schutzengel hast, aber hast du ihn auch schon einmal gesehen oder gespürt? Nein?
Dann mach es dir jetzt ganz bequem, und wenn du magst, dann schließe deine Augen. Deinen Schutzengel kannst du am besten hören oder sehen, wenn du ganz still bist. Dazu stellst du dir jetzt ein Licht in deiner Lieblingsfarbe vor. Vielleicht ist es auch ganz bunt, weiß, oder es wechselt die Farbe, während du es dir vorstellst.

Atme nun ganz tief ein. Mit jeder Einatmung nimmst du dieses farbige Licht in dich auf. Überall da, wo dieses Licht in deinen Körper fließt, wird es warm und vielleicht ein bißchen kribbelig. Du wirst dabei immer ruhiger, und dein Atem wird tiefer und tiefer. Wenn du ganz voll bist mit die-

sem wunderschönen bunten Licht, dann gib ein Zeichen: hebe die Hand oder nicke leicht.
Nun bitte deinen Schutzengel, zu dir zu kommen. Ruf ihn einfach so, wie du einen Freund oder deine Mutter oder deinen Vater rufen würdest und sag ihm, er soll so kommen, daß du ihn auch wirklich spüren kannst. Vielleicht dauert das nun ein bißchen. Bleibe einfach in diesem ruhigen Gefühl. Du bist angefüllt mit dem wunderschönen Licht und wartest ab, was nun passiert.

Geben Sie Ihrem Kind ein bißchen Zeit. Es kann ein, zwei Minuten dauern, bis Ihr Kind etwas spürt.

Wenn du deinen Schutzengel sehen oder fühlen kannst, dann nicke mit dem Kopf oder gib anders ein Zeichen, ja?

*Warten Sie bitte auf das Zeichen; wenn es **nicht** kommt (habe ich zwar noch nie erlebt, aber ich beschreibe es hier trotzdem), dann lesen Sie bitte folgenden Text:*

Du atmest ruhig und gleichmäßig weiter. Dein Schutzengel sagt, daß du erst noch ein bißchen atmen üben darfst, bevor du ihn sehen oder spüren kannst. Aber er ist trotzdem immer da. Und wenn du ganz still bist, dann hörst du vielleicht sogar seinen Namen. Das kann ein sehr verrückter Name sein, vielleicht heißt er aber auch »Paul« oder »Marie«. Aber wenn du heute noch nichts hörst oder siehst, ist es auch nicht schlimm – er ist immer bei dir, und beim nächsten Mal wirst du ihn sehen oder spüren können, das verspricht er dir.

Wenn Ihnen Ihr Kind das Zeichen gegeben hat:

Wenn du deinen Schutzengel spüren oder sehen kannst, dann frag ihn nach seinem Namen. Jeder Engel liebt es, mit einem Namen angesprochen zu werden. Öffne dich immer weiter dafür, bis du ihn wirklich deutlich hören, sehen oder fühlen kannst. Dein Schutzengel freut sich sehr darüber, daß du ihn jetzt sehen kannst. Er sagt, daß er sehr gerne dein Schutzengel ist, immer auf dich aufpassen wird und dich an das erinnert, was du wirklich auf der Erde tun willst. Wenn du magst, dann sag doch laut, wie du deinen Schutzengel siehst oder fühlst. Aber nur, wenn du wirklich willst.

Für alle:

Du ruhst dich nun noch ein bißchen aus, und dann atmest du die ganze Farbe wieder aus, nach und nach. Wenn du alle Farbe ausgeatmet hast, bist du ganz ruhig und entspannt; du fühlst dich viel besser als vorher. Vielleicht bemerkst du von nun an deinen Schutzengel, auch wenn du gar nicht an ihn denkst!

Mit Delphinen spielen

Wenn ein Kind traurig ist oder etwas auf ihm lastet

Meditationstext

Warst du schon mal am Meer? Das Meer ist wie ein riesig großer, türkisblauer See, und es leben die wunderbarsten Tiere darin. Stell dir doch einfach das Meer vor, es hat einen weißen Sandstrand, leichte, hübsche Wellen, und es glitzert und funkelt im Licht der Sonne. Und nun gehe ein bißchen an diesem Sandstrand spazieren. Dein Schutzengel geht genau neben dir, damit du dich nicht allein fühlst. Aber du fühlst dich sowieso nicht allein, denn im Meer siehst du spielende Delphine. Du freust dich sehr darüber, denn sie sind so lustig und fröhlich, daß du lachen mußt. Plötzlich ruft dir ein Delphin etwas zu.

Du wunderst dich vielleicht ein bißchen, aber du kannst tatsächlich die Sprache der Delphine verstehen. Er fragt dich, ob du zu ihnen kommen willst, damit ihr alle zusammen spielen könnt. Du schaust deinen Schutzengel an. Er nickt und berührt dich sanft.
Ein warmes Gefühl strömt durch deinen Körper; wie eine weiche Welle fühlt sich das an. Vielleicht kribbelt es auch

ein bißchen. Du hast gar keine Angst, und du merkst, daß du auf einmal sogar schwimmen kannst.

Du gehst also sehr langsam und vorsichtig in das Meer hinein. Das Wasser ist gar nicht kalt, sondern genau richtig, so wie du es magst. Jetzt schwimmen die Delphine auf dich zu, und du bist sehr glücklich. Ein besonders hübscher, ein noch ziemlich kleiner Delphin, ruft dich bei deinem Namen. Du hältst dich an ihm fest, und er zieht dich durch das glitzernde Wasser.

Ganz leicht und frei fühlst du dich, sehr erfrischt und getragen von dem türkisblauen Meer. Die Delphine toben mit dir durch das Wasser, aber sie achten dabei immer darauf, daß du dich wohl fühlst. Hier bist du sicher. Nach einer Weile bist du müde, und sie tragen dich zum Strand zurück. Die Delphine winken mit ihren Flossen und sagen, daß du immer mit ihnen spielen kannst, wenn du traurig bist, aber natürlich auch, wenn du fröhlich bist.

Du legst dich in den warmen Sand und ruhst dich aus. Dabei wirst du vielleicht ganz müde, vielleicht aber auch munter und wach, je nachdem, ob es Tag ist oder Abend. Du freust dich bereits auf das nächste Spiel mit deinen Delphinen. Du brauchst nur deine Augen zuzumachen und die Delphine zu rufen, dann kommen sie.

Die Blumenwiese

Wenn sich ein Kind um jemanden – Mensch oder Tier – Sorgen macht

 ## Meditationstext

Magst du ein bißchen mit deinem Schutzengel spazierengehen? Ja? Er führt dich auf eine wunderschöne Blumenwiese. Viele Blumen blühen dort, und dahinten, an einer besonders schönen Stelle der Wiese, blühen deine Lieblingsblumen. Du kannst ihren zarten Duft bis hierher riechen. Die Blumen scheinen dich zu rufen. Sie sagen, sie hätten ein Geschenk für dich.

Dein Schutzengel fragt dich, ob du für eine kleine Weile gerne ein Schmetterling wärst, und du nickst. Wenn du das möchtest, dann berührt er dich sehr liebevoll, und du bist auf einmal ein sehr hübscher Schmetterling. Du schaust nach hinten zu deinen Flügeln – sie haben sogar deine Lieblingsfarbe! Du versuchst, deine Flügel zu bewegen, und auf einmal fliegst du. Dein Schutzengel fliegt neben dir und paßt auf, daß dir nichts passiert. Du fliegst hinüber zu deinen Lieblingsblumen. Sie schauen ganz erstaunt, weil du auf einmal ein Schmetterling bist. Du landest auf einer Blume und begrüßt sie fröhlich. Du freust dich, daß du die Blumen überrascht hast.

Die Blumen schicken dir nun einen besonders gut riechenden Blütenduft. Das entspannt dich, und ein Gefühl der Freude durchströmt dich. Du möchtest vielleicht auf einmal spielen, Purzelbäume in der Luft machen und ganz schnell nach oben und nach unten sausen. Dein Schutzengel pustet ein bißchen auf deine Flügel, und sie werden noch größer und stärker. Dann schaut er dir, zusammen mit den Blumen, beim Spielen zu. Andere Schmetterlinge in den schönsten Farben sind dazugekommen und spielen mit dir.

Auf einmal erinnerst du dich, daß die Blumen ein Geschenk für dich haben. Du landest ein bißchen erschöpft auf einer weit offenstehenden Blüte.

Sie sagen, daß du dir eine Blume aussuchen darfst für den Menschen (oder das Tier), um den du dir Sorgen machst oder dem du ein bißchen Kraft schicken willst. Diese Blume wird ihren Duft und ihre Farben dorthin schicken, dann fühlt sich der Mensch (oder das Tier) besser und stärker, auch wenn er es selbst vielleicht gar nicht gleich merkt.

Du schaust über die Blumenwiese, und du siehst eine besonders leuchtende Blume. Du fragst sie, ob sie ihren Duft und ihre Farben verschicken will, und sie nickt. Auf einmal kannst du sehen, wie ein Lichtstrahl aus der Blume herausströmt, mitten in das Herz des Menschen (oder Tieres), dem du Kraft schicken willst. Du siehst, wie sehr sich das Herz freut; es leuchtet auf oder wird ein bißchen größer.

Ganz beruhigt dankst du der Blume, und sie sagt, daß du jede Blume auf der Wiese fragen kannst, wann immer du

das möchtest. Dein Schutzengel berührt dich, und auf einmal bist du wieder ein Mensch. Das fühlt sich auch sehr schön an.
Nun ruhst du dich aus – das war alles ein bißchen anstrengend!

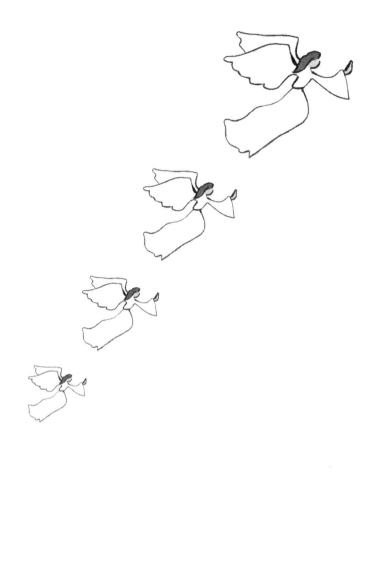

Ein Treffen mit dem Schutzengel

Eine weitere Meditation für Kinder, die sich Sorgen machen; das tun Kinder sehr häufig

Meditationstext

Heute führt dich dein Schutzengel zu einem sehr schönen, großen Baum. Ganz oben im Baum ist ein Baumhaus. Es ist ganz leicht, zu dem Baumhaus hochzuklettern, weil der Baum viele dicke, starke Äste hat. Dein Schutzengel berührt dich und gibt dir Kraft, so daß du ganz leicht nach oben klettern kannst. Er fliegt neben dir her. Du kommst an dem Baumhaus an und bemerkst überrascht, daß es wunderbar kuschelig eingerichtet ist. Du findest weiche Decken und deine Lieblingsspielsachen. Du bist sehr sicher und geborgen in diesem Baumhaus, weil es auf sehr starken Ästen ruht. Es ist gerade groß genug, daß du dich sehr wohl fühlst. Es ist wunderbar und sogar ein bißchen aufregend, so hoch oben im Baum zu sitzen und von leuchtend grünen Blättern umhüllt zu sein. Du spürst die Kraft der grünen Blätter im ganzen Körper, und du wirst ruhiger und stärker. Dein Mund fängt auf einmal ganz von allein an zu lächeln.

Es gibt einen kleinen Tisch mit drei Kinderstühlen. Dein

Schutzengel stellt drei Tassen auf den kleinen Tisch und bittet dich, dich hinzusetzen. Er schenkt zuerst dir süß-duftenden, köstlichen Kakao ein, dann gießt er sich selbst etwas davon in eine Tasse. Er sagt dir, daß er weiß, daß du dir viele Sorgen machst, und daß ihr beide deshalb Besuch erwartet. Dieser Besuch kommt deinetwegen. Du darfst ihn selbst einladen. Du weißt vielleicht nicht, wen du einladen sollst. Er flüstert dir etwas ins Ohr, und auf einmal weißt du es.

Du stehst auf und bittest den Schutzengel der Person (oder des Tieres), um die du dir Sorgen machst, in euer Baumhaus.

Auf einmal wird es sehr angenehm warm, und das Licht wird heller. Ein anderer Schutzengel sitzt plötzlich mit am Tisch. Vielleicht sieht er genauso aus wie deiner, vielleicht aber auch ganz anders. Auch er bekommt Kakao. Du erzählst ihm von deinen Sorgen.

Der andere Schutzengel hört dir genau zu. Vielleicht hast du Fragen, die du ihm stellen willst. Der Schutzengel sagt, daß er sich sehr darüber freut, mit dir zu reden. Er antwortet dir so, daß du es verstehst. Wenn du etwas doch nicht verstehst, dann erklärt es dir dein eigener Schutzengel. Du sagst dem fremden Schutzengel, daß er seinem Menschen (oder seinem Tier) bitte helfen soll und er nickt.

Zum Dank dafür, daß du ihn eingeladen hast, legt er seine Hände auf deinen Kopf oder dein Herz und schickt dir einen warmen Strom von Liebe und Kraft.
Auf einmal fühlst du dich sehr beruhigt, du weißt jetzt, daß alles so gut wird, wie es nur möglich ist. Der andere Schutzengel fliegt davon, und du ruhst dich noch ein bißchen in dem Baumhaus aus. Dein Schutzengel nimmt dich in den Arm und wiegt dich sanft, während du wieder das Grün der Blätter in dich hineinströmen läßt.

Du weißt jetzt: du kannst jederzeit in dieses Baumhaus kommen und auch andere Schutzengel einladen.

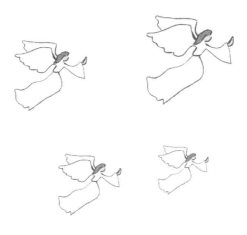

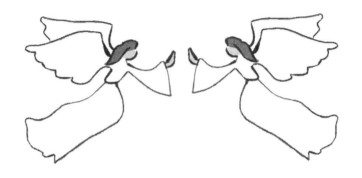

In der Rosenblüte

Wenn ein Kind sehr traurig ist, einen Verlust erlitten hat, innerlich erstarrt ist

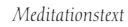 Meditationstext

Heute trägt dich dein Schutzengel auf seinen Händen, damit du dich nicht anstrengen mußt. Er bringt dich in einen wunderbaren Blumengarten mit ganz vielen verschiedenen Blumen. In diesen Garten darf man nur gehen, wenn man sehr traurig ist, denn hier wachsen ganz besondere Pflanzen.

Am Eingang steht ein großer, goldener Engel und fragt dich, was dich so traurig macht. Du sagst es ihm leise ins Ohr oder auch laut, je nachdem, wie du es magst. Vielleicht sagst du auch gar nichts, dann schaut dir der Engel ins Gesicht, legt dir seine Hand auf die Stirn, und dann weiß er es. Er führt dich und deinen Schutzengel in einen ganz besonders schönen Teil des Gartens. Hier wachsen Blumen, die dir helfen wollen. Der große Engel fragt eine weit geöffnete, rosa Blüte, ob sie für dich dasein will. Es ist eine Rose, und sie nickt im Wind. Du bist vielleicht viel zu traurig, um etwas zu sagen, deshalb legt dich dein Schutzengel jetzt vorsichtig in die Blüte hinein. Du weißt auch nicht warum, aber auf einmal bist du klein genug dafür. In diesem Garten ist alles möglich. Die zartrosa Blütenblätter umhüllen dich sanft, und der Duft der Rose strömt in dein Herz hinein. Vielleicht mußt du dabei weinen, vielleicht wirst du auch müde oder ein bißchen ruhiger. Dein Schutzengel nimmt nun vorsichtig die Rosenblüte, in der du liegst, in beide Hände und wiegt dich sanft hin und her. Dabei strömt auch aus seinen Händen Kraft, und wie ein liebevoller Lichtstrahl fließt diese Kraft in dich hinein. Er braucht gar nichts zu sagen, du spürst auch so, daß sein Herz ganz bei dir ist und mit dir fühlt. Du bist selbst in diesem Moment nicht allein – dein Schutzengel weiß, wie du dich fühlst, und er trägt das Gefühl mit dir.

Der zarte Duft der Rose wird nun stärker, du entspannst dich ein wenig und vielleicht magst du es dir in der Rose sogar ein bißchen bequemer machen. Die Blütenblätter sind wunderbar weich, aber dennoch so fest, daß du dich sehr beschützt fühlst. Die Blume ist fest in der Erde verwurzelt, und du spürst, daß sie dir einen guten Halt gibt. Die Blütenblätter der Rose bilden ein Dach über dir, sie schließt sich gerade so viel, daß du dich sicher und beschützt fühlst, den Himmel aber noch sehen kannst, wenn du das willst. Wenn du magst, dann umschließt sie dich auch ganz mit ihren Blättern und hält dich wie ein Baby. Du brauchst es ihr nicht zu sagen, wenn du nicht magst, denn vielleicht weißt du es im Moment ja selbst nicht genau. Sie spürt es, denn sie kennt sich mit Traurigkeit sehr gut aus.

Die Sonne scheint durch die rosa Blütenblätter, und du badest in dem rosa Licht im Inneren der Blüte. Der Duft durchströmt dich, und du beginnst, dich ein bißchen ruhiger zu fühlen. Du spürst die Hände deines Schutzengels, der dich und die Blüte hält, und du spürst auch, du kannst ihm vertrauen. Was auch immer geschieht, er ist für dich da.

Nach einer Weile hast du vielleicht genug, dann trägt dich dein Schutzengel aus dem Garten hinaus. Wenn du willst, kannst du aber auch einfach liegenbleiben und in der Rose einschlafen. Sie und dein Schutzengel werden dir all die Kraft geben, die du im Moment brauchst.

In der Kristallhöhle

Sie ist ein innerer Rückzugsort für verwirrte und überforderte Kinder; für Kinder, die unruhig sind und selbst nicht mehr wissen, was sie wollen.

Meditationstext

Du befindest dich in einer wunderbaren Landschaft in den Bergen. Dein Schutzengel führt dich einen sehr schmalen, geheimen Weg entlang, den nur er kennt. Er sagt, er will dir etwas zeigen; etwas, was nur dir ganz allein gehören soll. Er weiß, daß du einen Ort brauchst, an dem du nicht gestört wirst, und dorthin geht ihr nun.

Auf einmal stehst du vor einem Berg, und der Weg scheint zu Ende zu sein. Dein Schutzengel sagt, du sollst deine Hände auf den Fels legen und das Zauberwort sagen, dann öffnet sich dort eine Tür. Du legst also deine Hände auf den Stein und sagst ein Wort, das dir gerade jetzt in den Sinn kommt. Das ist heute das richtige Zauberwort. Und auf einmal öffnet sich tatsächlich eine Tür.

Du siehst, daß der Weg hier weitergeht, hinein in das Innere des Berges. Du schaust nach deinem Schutzengel, und er leuchtet so hell und beruhigend, daß du gar keine Angst hast.

Gemeinsam geht ihr in den Berg hinein. Auf einmal stehst du in einer wundersamen Zauberhöhle. Farbige Kristalle funkeln und glitzern an den Wänden und an der Decke, was wunderschön aussieht. Du kannst dich gar nicht satt sehen an all dem Glitzer.

Dein Schutzengel sagt dir, daß diese Höhle nur dir allein gehört und daß es irgendwo in dieser Höhle einen ganz besonderen Kristall gibt. Wenn du den findest und berührst, weißt du sofort wieder, was du willst, falls du es einmal vergißt.

Du schaust dich also in der Höhle um, und wirklich, an einer Stelle funkelt ein besonders schöner Kristall. Er scheint dich zu rufen. Du gehst zu ihm hin und legst deine Hand darauf. Auf einmal steigen sehr viele leuchtende Funken aus dem Kristall auf, das sieht wunderschön aus. Das Licht des Kristalls strömt nun in deinen Körper hinein; das fühlt sich wundervoll an, sehr vertraut, als ob du das Gefühl schon kennst.

Dein Schutzengel lacht fröhlich, er wollte, daß du genau dieses schöne Gefühl bekommst. Es macht deinen Kopf klar, du weißt auf einmal wieder, was du wirklich willst. In dieser Höhle ist vieles anders als in der Welt da draußen. Du kannst vieles besser verstehen, wenn du deinen Kristall berührst und in den Funken badest.

Probiere es ruhig einmal aus. Stelle dir eine Situation vor, die du nicht verstehst, und berühre nun deinen Kristall. Lasse das schöne Licht in dich hineinfließen ... warte noch ein bißchen ... bestimmt kommt gleich eine Antwort, die du verstehen kannst und die dir weiterhilft. Wenn keine Antwort kommt, dann fällt sie dir ganz sicher in den nächsten Tagen ein.

Irgendwann hast du vielleicht genug, und du möchtest wieder nach draußen gehen. Dein Schutzengel bringt dich zurück. Aber du weißt, er kennt den Weg in die Höhle. Du brauchst ihn nur zu rufen, wenn du dieses schöne Gefühl wieder haben willst – dann führt er dich hin.

Die goldene Kugel

Für kranke Kinder

Wenn Ihr Kind krank ist, dann braucht es Ruhe und Zuwendung, manchmal ist das sogar der Grund, warum es überhaupt krank geworden ist. Die Krankheit dient als innerer Rückzugsort, das Kind wendet sich von der Außenwelt ab und richtet seine Aufmerksamkeit nach innen, auch wenn es das nicht bewußt tut. Diese Meditation unterstützt den Prozeß des Sich-nach-innen-Wendens und schickt Heilenergie überall dorthin, wo Ihr Kind sie braucht. Wie beim Autogenen Training reist das Kind durch seinen Körper, entspannt sich dabei und bekommt ein Werkzeug, mit dem es aktiv an seiner Genesung mitarbeiten kann.

Meditationstext

Dein Schutzengel hat heute ein Geschenk für dich. In seiner Hand liegt ein wundervoller goldener Ball. Er leuchtet und strahlt mehr als alles andere, was du bisher gesehen hast. Dein Schutzengel gibt dir den Ball in die Hand, und gleich spürst du, wie warm und angenehm sich das anfühlt. Jetzt beginnt auch deine Hand, golden zu leuchten. Du bekommst auf einmal Lust, den Ball überall im Körper umherrollen zu lassen, damit du überall so golden wirst. Dein Schutzengel sagt, du kannst den Ball so klein machen, daß du ihn hinunterschlucken kannst. Du schaust den Ball an und wünschst dir, daß er gerade so klein wird, daß du ihn gut hinunterschlucken kannst. Der Ball ist aus Licht, deshalb geht das ganz leicht. Dein Schutzengel hilft dir dabei, wenn du es nicht allein kannst. Der Ball ist jetzt ganz klein, aber er leuchtet und strahlt noch immer mit voller Kraft.

Du nimmst ihn in den Mund wie ein Bonbon. Gleich ist auch dein Mund sehr warm und golden. Das fühlt sich einfach wundervoll an. Vorsichtig schluckst du den Lichtball hinunter; er schmeckt etwas ungewohnt, aber sehr gut.

Jetzt ist der goldene Lichtball in deinem Körper. Er kullert im Magen umher. Dein Schutzengel berührt dich am Bauch, dadurch wird der Ball wieder ein bißchen größer, gerade richtig für dich. Dein Magen wird nun warm und golden, vielleicht gluckert er sogar ein bißchen. Wenn dein Magen ganz warm und golden ist, rollt der Ball weiter. Er rollt in deine Brust, in deinen Hals und in deine Arme. Du fühlst den Ball in jedem deiner Körperteile, auch im Kopf, am Rücken und in den Händen.

Dann rollt er weiter den Bauch hinunter bis in die Beine und Füße. An jeder Stelle wird dein Körper golden, der Ball gibt dir überall neue Kraft und Energie. Jetzt läßt du den

Ball dahin rollen, wo es dir am meisten weh tut. Ganz fest denkst du an die Stelle, die weh tut.
Der Ball rollt dort hin. Gleich fängt die goldene Kraft an, den schmerzenden Körperteil zu heilen und zu beruhigen. Es wird wärmer oder kühler – je nachdem, was dir angenehmer ist.

Dein Körper wird heller und leichter, die Farben verändern sich und du beginnst, dich ein bißchen besser zu fühlen. Der Ball wird noch etwas größer und noch etwas heller; er strahlt jetzt mit voller Kraft. Das ist wunderbar angenehm. Wenn du willst, dann kannst du deinen Schutzengel bitten, dir auch noch eine Hand auf die kranke Stelle deines Körpers zu legen. Gleich fühlst du, wie du dich noch mehr entspannst und immer ruhiger wirst. Vielleicht wirst du müde, vielleicht aber auch ein bißchen wacher, je nachdem, was für dich besser ist.

Nun kannst du dem Ball sagen, daß er dahin rollen soll, wo es am besten für dich ist, auch wenn du es selbst nicht genau weißt. Er kullert jetzt in den Körperteil, in dem du am meisten Kraft brauchst.
Kannst du spüren, wo das ist? Wenn du willst, darfst du es ruhig laut sagen, vielleicht magst du es aber auch nur denken oder zeigen.
Irgendwann ist dein ganzer Körper golden und warm. Jetzt kannst du den goldenen Ball entweder wieder ausspucken

oder im Körper behalten, je nachdem, was dir lieber ist. Dein Schutzengel hält dir die Hand hin, wenn du den Ball wieder zurückgeben willst. Wann immer du dich nicht gut fühlst, kannst du ihn bitten, dir den Ball wieder zu geben. Der Ball hat jedes Mal genau die Kraft und Energie, die du brauchst, denn dein Schutzengel weiß immer, was dir guttut

Der weiße Lichtmantel

Für sehr sensible Kinder, die Schutz brauchen

 ## Meditationstext

Heute fragt dich dein Schutzengel, ob du dich traust, ein bißchen mit ihm zu fliegen. Du kannst dir aussuchen, ob er dich trägt und mit dir zusammen fliegt, oder ob er dich am Rücken berührt und dir dadurch selbst Flügel wachsen. Was möchtest du heute?

Dein Schutzengel nimmt dich also in die Arme, oder er berührt dich am Rücken, ganz wie du es möchtest. Beides fühlt sich wunderschön an. Du kuschelst dich in seine Arme, oder du bewegst deine Flügel ein bißchen – und auf einmal geht es los. Das ist richtig aufregend, du schwebst auf einmal hoch über der Erde.

Wenn du ein bißchen Angst bekommst, dann schau auf deinen Schutzengel, er hüllt dich ein mit seinem Licht, und gleich fühlst du dich wieder sicher. Du weißt, nichts kann dir passieren, er ist immer für dich da. Immer höher fliegt ihr, und auf einmal sind da noch andere Engel. Sie schauen erstaunt, aber sie freuen sich auch sehr, dich kennenzulernen. Du fühlst dich nun schon sehr wohl so hoch oben, du begrüßt die Engel fröhlich. Vielleicht kommt dir das alles auch sehr bekannt vor, als wärst du schon einmal hier gewesen. Noch ein bißchen höher fliegt ihr, dann kommt ihr zu einer wunderschönen weichen Wolke. Glänzendweißes Licht umhüllt dich und die ganze Wolke scheint nur aus hellem Licht zu bestehen. Dein Schutzengel setzt dich sanft ab, oder du landest schon selbst. Die Wolke trägt dich fest und sicher, obwohl sie so weich aussieht.

Dein Schutzengel sagt dir, daß du dich ruhig ein bißchen hinlegen kannst, wenn du das möchtest. Du kannst dich aber auch hinsetzen oder sogar stehen. Er sagt, er weiß, daß du dir manchmal ein bißchen komisch vorkommst, daß dir die Wolke aber helfen kann, dich sicher und stabil zu fühlen. Du kuschelst dich in die Wolke ein und bemerkst wieder, daß sie aus reinem Licht besteht.
Aber es ist ein besonderes Licht; es trägt dich und durchströmt dich gleichzeitig. Dein Schutzengel bittet nun die Wolke, dich ganz in das weiße Licht einzuhüllen. Du sinkst tiefer hinein, was sich wundervoll und warm anfühlt. Jetzt fühlst du dich geborgen.

Während du in der Wolke liegst, formt dein Schutzengel einen Umhang aus dem Licht der Wolke.
Hier oben ist das möglich, und die Wolke gibt dir sehr gerne etwas von ihrem Licht ab. Irgendwann hast du genug Licht

in dich aufgenommen, und du möchtest noch ein bißchen weiterfliegen oder zur Erde zurückkommen. Du bedankst dich bei der Wolke, und sie scheint noch heller zu werden. Dein Schutzengel gibt dir den Umhang und sagt, daß du ihn jederzeit um dich legen kannst, wenn dir alles zuviel wird oder du dich komisch fühlst. Vielleicht möchtest du ihn einmal umlegen? Er paßt dir genau, und du fühlst dich sicher und geborgen in seinem Schutz.

Wenn du magst, fliegt jetzt dein Schutzengel mit dir zurück zur Erde. Vielleicht tollt ihr aber auch noch ein bißchen gemeinsam im Himmel herum und kommt erst in ein paar Minuten zurück.

Der Elfenrummelplatz

Für Kinder, die zu ernst und ehrgeizig sind; für Kinder, die einfach ein bißchen Spaß brauchen

Zu dieser Meditation gibt es eine lustige Geschichte, die ich Ihnen gerne erzählen möchte.
Die Kinder fahren in dieser Meditation mit Wagen aus Zuckerwatte über eine Regenbogenachterbahn. Als ich diese Meditation in meiner Kindergruppe ausprobierte, vergaß ich, zu sagen, daß der Wagen während der Fahrt nicht gegessen werden darf. (Ich dachte, das wäre klar, aber ich war falsch informiert ...) Eines der Kinder erzählte später, es habe den Wagen gegessen und sei dann von der Achterbahn gefallen. Sein Schutzengel hat es aufgefangen. Um zu verhindern, daß das den Kindern passiert, sagen Sie ihnen einfach, sie sollen die Zuckerwatte in Ruhe lassen ...

Meditationstext

Heute fragt dich dein Schutzengel, ob du einmal alles vergessen willst, was dir Gedanken macht und einfach Spaß haben willst. Du nickst, und er fragt dich, ob du den Elfenrummelplatz kennst. Vielleicht hast du schon davon gehört?

Das ist ein wundervoller, magischer Ort, an dem du soviel Spaß haben kannst wie noch nie in deinem Leben, an dem du alles vergessen kannst, was dich traurig macht; dort wirst du ganz glücklich.

Dein Schutzengel bittet einen Regenbogen, für dich am Himmel zu erscheinen. Das ist aber kein gewöhnlicher Regenbogen, denn er strahlt und glitzert ganz besonders hell. Das Licht des Regenbogens strömt durch dich hindurch, ohne daß du etwas zu tun brauchst. Du spürst schon ein bißchen, wie du leichter und fröhlicher wirst. Das Licht des Regenbogens macht dich glücklich, anders geht es gar nicht. Wenn du magst, dann fliegt dein Schutzengel mit dir ganz nach oben auf den Regenbogen, du kannst aber, wenn du willst, auch selbst fliegen. Dazu berührt dich dein Schutzengel am Rücken, wie du es nun vielleicht schon kennst, und du bekommst schöne Flügel.
Das ist ein wunderbares Gefühl, sehr leicht und frei. Ihr fliegt gemeinsam auf den höchsten Punkt des Regenbogens. Dort landest du.

Du stehst nun auf dem Regenbogen. Es ist ganz anders, als du es erwartet hast, der Regenbogen fühlt sich weich und doch sehr stabil an, fast ein bißchen wie eine gut aufgepumpte Luftmatratze. Er ist sehr breit, so daß du dich vollkommen sicher fühlst.

Du setzt dich hin und rutschst auf der anderen Seite hinunter. Hui! – Das macht Spaß!

Du kommst unten an und bist in einer ganz anderen Welt. Es ist ein Elfenrummelplatz! Dein Schutzengel kommt hinter dir hergerutscht und er sagt dir, daß er sehr glücklich ist, so viel Spaß mit dir zu haben.

Auf dem Rummelplatz gibt es viele Regenbogen. Einer davon hat eine ganz verrückte Form. Kleine Wagen aus Zuckerwatte rollen über ihn, das ist wie ein Karussell oder eine Achterbahn. Auf einmal bekommst du große Lust, mit dieser Regenbogenachterbahn zu fahren.

Ihr geht zu dem Regenbogen hin, und dein Schutzengel bittet ihn, sich genau so zu verbiegen, wie es für dich am besten ist. Der Regenbogen sprüht vor Freude und sagt, daß er sehr gerne deine persönliche Achterbahn sein will. Du steigst in einen der kleinen Wagen aus rosa Zuckerwatte ein. Dein Schutzengel sagt dir, daß du den Wagen während der Fahrt nicht essen sollst (!!!), aber ein kleines Stück darfst du probieren.

Wenn du willst, dann steigt auch dein Schutzengel mit in den Wagen. Nun beginnt die Fahrt. Immer höher hinauf gleitet der Wagen, höher und höher, bis es nicht mehr weitergeht und dein Herz ganz schnell klopft – und hui! – saust ihr auf der anderen Seite wieder hinab! Und wieder hinauf! Und hinunter!

Der Regenbogen bildet immer neue verrückte Kurven, in jeder Runde andere, und du saust mit dem kleinen Wagen im Kreis herum, bis du so lachen mußt, daß der ganze Wagen wackelt. Du schreist und freust dich, während sich der Regenbogen zu immer neuen, lustigen Figuren verbiegt.

Irgendwann hast du vielleicht genug. Der Wagen hält an, und du steigst aus. Wenn du möchtest, kannst du jetzt ein bißchen an dem Wagen naschen. Das ist eine magische Zuckerwatte, sie schmeckt genau wie dein Lieblingsessen.

Viele Elfen kommen und klatschen dir Beifall. Sie lachen dich an und wollen mit dir zusammen in der Regenbogenachterbahn fahren. Wenn du willst, dann darfst du noch so viele Runden fahren, wie du magst. Du bekommst einen neuen Wagen, und ihr fahrt nun alle zusammen. Die Elfen sagen dir, daß sie sehr viel Spaß mit dir haben und sich freuen würden, dich noch ganz oft zu sehen.

Nun wird es Zeit, nach Hause zurückzukehren. Du läßt dich von deinem Schutzengel über den Regenbogen tragen und kommst ganz leicht und einfach wieder zurück – hierher, in diesen Raum, in dem du sitzt oder liegst. Wann immer du willst, führt dich dein Schutzengel zu dem Elfenrummelplatz, und du kannst dort so viel und so lange Spaß haben, wie du möchtest.

Himmel und Erde verbinden

*Eine grundsätzliche spirituelle Anbindung für alle
Kinder. Bitte sehr langsam vorlesen und dem Kind Zeit
geben, all das wirklich zu sehen und zu erleben. Mit
dieser Meditation bekommt Ihr Kind ein spirituelles
Werkzeug, mit dem es tatsächlich eingreifen kann,
wenn es Bilder von Krieg und Hunger sieht. Vielleicht
möchten Sie diese Anbindung auch für sich selbst
durchführen? Sie bekommen dadurch Zugang zu Ihrer
spirituellen Schöpferkraft.*

Meditationstext

Dein Schutzengel hat heute eine Bitte an dich. Er sagt, daß alle Kinder wie kleine Engelchen sind, die auf die Erde kommen, um ganz viel Licht, Lachen und Liebe zu den Menschen zu bringen. Und damit du das ganz leicht tun kannst, bittet er dich, wenn du das willst, einen Lichtstrahl aus deinem unteren Rücken in die Erde zu schicken. Möchtest du das machen?

(Bitte warten Sie, ob das Kind nickt, wenn nicht, brechen Sie die Übung ab, und lesen Sie eine andere vor.)

Du stellst dir also vor, du sendest einen leuchtenden Lichtstrahl aus deinem unteren Rücken *(das Kind vielleicht*

vorsichtig am Steißbein berühren, falls es nicht auf dem Rücken liegt, ansonsten vorsichtig die Füße berühren) tief hinein in deine Beine und Füße. Von dort aus strömt der Lichtstrahl tief hinein in die Erde. Der Lichtstrahl bleibt dabei so klar und hell wie der Strahl einer Taschenlampe. Er leuchtet durch die ganze Erde hindurch, bis du auf einmal eine Art Kristallhöhle entdeckst.
Wunderschön ist es hier, es funkelt und blitzt in allen Farben. Kannst du das sehen?

(Bitte warten Sie auf das Nicken.)

Du schaust dich in der Kristallhöhle um. Auf einmal scheint dir ein ganz besonderer Kristall zuzuzwinkern. Vielleicht leuchtet er auch kurz auf oder zieht auf sonst eine Art deine Aufmerksamkeit auf sich. Ja? Kommt das?

(Warten Sie, bis das Nicken kommt.)

Du weißt plötzlich: Das ist dein Kristall. Du richtest jetzt den Lichtstrahl genau auf den Kristall. Schau, was geschieht, vielleicht leuchtet er plötzlich auf oder wird ganz bunt. Für einige Augenblicke bleibst du jetzt in diesem Bild: Der Lichtstrahl aus deinem Körper scheint genau auf deinen Kristall und gibt ihm damit Kraft und Energie. Siehst du das?

(Warten Sie, bis Ihr Kind das Bild hat.)

Nun richtest du deine Aufmerksamkeit auf deinen Kopf. Hoch oben über deinem Kopf gibt es einen strahlenden, leuchtenden Stern. Er beginnt nun noch stärker zu leuchten und vielleicht dreht er sich sogar. Er beginnt, wunderschöne Funken zu sprühen, die jetzt oben in deinen Kopf hineinströmen. Kannst du das sehen?

(Warten Sie bitte)

Dein Schutzengel berührt dich an der Stelle, an der das Licht in dich hineinfließt. Das fühlt sich sehr gut und warm an, so daß du dich geborgen fühlst. Du fühlst das helle Licht. Das Licht aus dem Stern fließt durch deinen ganzen Körper und trifft am Ende deines Rückens auf den Lichtstrahl, der durch deine Füße hindurch in die Erde hineinströmt.

Nun bist du ganz und gar verbunden mit dem Himmel und der Erde. Das Licht fließt aus dem Stern über deinen Kopf hinein in deinen Körper, macht deinen Körper sehr hell und warm, dann fließt es durch deine Füße weiter hinein in die Erde und trifft dort deinen Kristall. Spürst du das?

(Warten Sie auf das Nicken.)

Vielleicht beginnt nun auch der Kristall, durch deinen Rücken, Licht nach oben in deinen Körper zu schicken, bis das Licht aus dem Kristall den Stern über deinem Kopf trifft. Jetzt sind der Stern und der Kristall in beide Richtungen verbunden, das ist wie eine Art Telefonleitung zwischen Himmel und Erde.

Die Kraft, die zwischen beiden hin- und herfließt, erfüllt dich, macht dich stark und sagt dir jeden Tag, was du tun kannst, um ein erfüllter, glücklicher Mensch zu werden. Dein Schutzengel freut sich sehr, daß du diese Übung gemacht hast und dankt dir dafür. Er sagt, wann immer du willst, kannst du dir diesen Lichtstrahl vorstellen, wie er durch dich hindurch in die Erde fließt und damit Licht, Liebe und Freude auf die Erde bringt, überall dorthin, wo es deiner Meinung nach gebraucht wird.

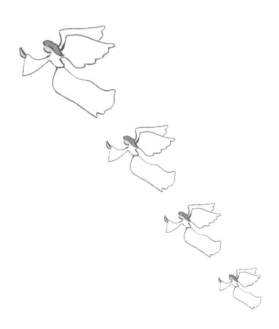

Der Ritt auf dem Tiger

Ideal für Kinder, die viel Angst haben und Mut brauchen

Bitte machen Sie Ihrem Kind klar, daß dieser Tiger ein ganz besonderer Tiger ist und nichts mit den Tigern im Zoo zu tun hat! Beim nächsten Zoobesuch die Hand durch ein Gitter zu strecken, nur weil der innere Tiger so lieb ist, wäre keine gute Idee.
Es ist sinnvoll, diese Meditation öfter zu üben, damit Ihr Kind den Tiger rufen kann, wenn es Angst hat. Dazu braucht es ein geübtes, stabiles inneres Bild.

Meditationstext

Heute will dir dein Schutzengel einen besonders aufregenden Freund vorstellen. Immer wenn du Angst hast, darfst du ihn rufen, damit er dir Kraft gibt. Dein Schutzengel fragt dich, ob du diesen sehr starken Freund kennenlernen willst. Du nickst und bist schon ganz gespannt.

Dein Schutzengel führt dich nun in einen Urwald, wie du ihn vielleicht aus dem Dschungelbuch oder anderen Filmen kennst. Hier ist alles sehr spannend, du siehst riesige Bäume, Blumen und Wasserfälle.

Du schaust dich um und läufst ein bißchen in den Urwald hinein. Dein Schutzengel ist immer bei dir, so daß dir nichts passieren kann. Du triffst all die Tiere, die du schon immer treffen wolltest, und du hast gar keine Angst vor ihnen. Da sind Affen, riesengroße Schmetterlinge, vielleicht sogar Schlangen, aber nur wenn du keine Angst vor ihnen hast. Papageien fliegen in der Luft, das sieht wunderschön aus, weil sie sehr bunt sind. Überhaupt ist hier alles sehr bunt, und du weißt gar nicht, wo du zuerst hinschauen sollst. Die Kraft dieses Urwaldes beginnt, in dich hineinzuströmen, vielleicht fühlst du dich schon ein bißchen kräftiger oder mutiger.

Dein Schutzengel sagt dir, daß du, wenn du jetzt bereit dazu bist, einen sehr starken und mächtigen Freund treffen darfst. Du nickst. Wenn du willst, dann kannst du dich ruhig hinter deinem Schutzengel verstecken, er nimmt dich auch in den Arm. Alles, was du brauchst, bekommst du. Du brauchst es einfach nur zu sagen.

Dein Schutzengel macht nun ein Geräusch, das du noch nie gehört hast. Äste knacken, du hörst ein lautes Fauchen – und ein riesengroßer Tiger steht vor dir. Dein Schutzengel hat dich ganz fest im Arm, dir kann nichts passieren.
Der Tiger schaut dich sehr lieb an. »Ich bin dein Tiger«, sagt er. »Ich bin nur für dich gekommen, ich will dich beschützen und dir Kraft geben. Du brauchst keine Angst zu haben.«
Du schaust deinen Schutzengel an und er nickt. Ganz vorsichtig streckst du deine Hand aus, und der Tiger schnüffelt

daran. Dann leckt er sehr sanft über deine Hand. Auf einmal hast du gar keine Angst mehr. Du streichelst dem Tiger vorsichtig über den Kopf. Dieser Tiger kann schnurren, wie kleine Kätzchen das auch tun.

Dein Schutzengel erklärt dir, daß du diesen Tiger immer rufen kannst, wenn du Angst hast und innere Stärke und Kraft brauchst. Wenn du willst, dann erlaubt dir der Tiger nun, auf seinen Rücken zu klettern. Dein Schutzengel hebt dich hoch, und du hältst dich am Nackenfell fest. Dein Tiger schaut dich noch einmal an. Du blickst in seine Augen und weißt nun ganz, ganz sicher, daß dieser Tiger voll und ganz auf deiner Seite ist und dir nie etwas tun wird, sondern immer für dich da ist. Du bist ganz stolz darauf, daß du einen so großen, starken Freund hast.

Er beginnt jetzt, vorsichtig mit dir durch den Urwald zu gehen. Das ist ein wunderbares Gefühl. Du spürst seine kräftigen Muskeln und fühlst dich selbst auch immer stärker. Es ist, als ob die Kraft des Tigers in dich hineinströmt, durch deinen ganzen Körper hindurch. Kannst du das spüren? Hat diese Kraft vielleicht eine besondere Farbe?

Er beginnt nun, ein wenig schneller zu laufen, und alle machen ihm Platz. Dein Schutzengel fliegt hinter euch her. Ihr erreicht den Rand des Urwaldes, und du siehst eine weite Grasfläche vor dir.

Einige riesige Bäume stehen da, sonst gibt es da nichts außer der Grasfläche. Der Tiger fragt dich, ob er noch schneller rennen soll oder ob du Angst hast. Wenn du nun willst, dann beginnt der Tiger, so schnell mit dir zu rennen, wie es nur möglich ist. Das ist aufregend! Du reitest auf dem Tiger, und er saust über die Grasfläche, immer schneller. Du fühlst dich nun beinahe selbst wie ein Tiger – du bist kraftvoll, stark und frei! Du klammerst dich an sein Fell und jauchzt vor Freude!

Wenn Ihr Kind sich schon ein bißchen länger konzentrieren kann, dann fügen Sie vielleicht noch folgenden Text hinzu:

Auf einmal bleibt er stehen. Vor dir erscheint eine große weiße Fläche, wie ein Fernseher oder eine Kinoleinwand. Auf einmal siehst du dich in einer Situation, in der du normalerweise Angst hast.

Du siehst dich selbst, wie du dich vielleicht schwach fühlst und ganz allein bist. Aber nun reitest du auf deinem Tiger in die Situation hinein. Aufrecht und sehr sicher sitzt du auf deinem Tiger und begegnest dem, wovor du Angst hast. Du weißt, der Tiger beschützt dich und dir kann nichts passieren. Er ist viel stärker als alles andere.

Was geschieht nun? Wie fühlst du dich? Verändert sich die Situation? Wo genau fühlst du die Kraft, die der Tiger dir gibt?

Du brauchst nichts zu tun, spüre nur, wie du dich fühlst, wenn du auf dem Tiger reitest. Von nun an darfst du den Tiger immer rufen, wenn du Angst hast und Kraft brauchst. Manchmal wird er mit dir in die Situation hineinreiten und dir Kraft geben, manchmal wird er dich auch aus der Situation herausholen, je nachdem, was besser für dich ist.

Für alle:

Jetzt wird es aber Zeit, dich von deinem Tiger zu verabschieden. Du steigst von seinem Rücken herab und bedankst dich bei ihm. Vielleicht willst du ihn auch streicheln oder ihn umarmen. Wann immer du willst, kannst du ihn rufen, auf ihm zu reiten oder mit ihm zu spielen, auch, wenn du gerade keine Angst hast.

Dein Schutzengel führt dich nun wieder aus dem Urwald heraus, und du kommst mit deiner Aufmerksamkeit langsam zurück in deinen Körper und in den Raum, in dem du liegst. Behalte die Kraft noch ein bißchen in deiner Erinnerung, und wenn du magst, dann male doch ein Bild, wie du auf deinem Tiger reitest!

Trommeln mit Indianern

Für wütende Kinder

Kinder erlauben sich oft nicht, ihre Wut und ihren Ärger wirklich zu zeigen, weil sie Angst haben, uns, die Eltern, zu verärgern. Aber wir alle wissen, wie wichtig es ist, in einem geschützten Rahmen auch die Wut zuzulassen. Wenn Ihr Kind wütend auf Sie oder einen Lehrer, Freund oder wen auch immer ist, dann erlauben Sie ihm, die Wut tatsächlich auszudrücken. Das geht nicht gegen Sie; es ist ein Gefühl Ihres Kindes, das Raum braucht.

Manchmal spüren wir selbst besser als unser Kind, daß es wütend ist. Dann geben Sie ihm mit dieser Meditation den Raum, sich selbst zu erleben und zu spüren, auch wenn es vorher gar nicht gewußt hat, wie wütend es tatsächlich ist. Beinahe jedes »Nein« schafft einen kleinen Funken unerlöste Energie, die sich als Wut zeigen kann, selbst wenn Ihr Kind das »Nein« zu verstehen scheint. Nun ist es unsere Aufgabe als Eltern, in angemessener Weise »nein« zu sagen und die Reaktion unserer Kinder zuzulassen und auszuhalten. Wenn es kräftig mit dem Fuß aufstampfen darf, ist es meistens damit getan, aber wie oft zieht es sich in sich selbst zurück und schmollt?

Ein weiterer Grund für Wut ist, wenn Sie ein »Ja« von Ihrem Kind fordern, obwohl es keine Lust hat, zu tun, was Sie ihm sagen. Doch auch das gehört zu unseren Aufga-

ben. Das Zimmer muß aufgeräumt und die Hausaufgaben müssen nun mal erledigt werden. Trotzdem, oder gerade deshalb, ist es besonders wichtig, daß unsere Kinder einen inneren Raum bekommen, in dem sie ihre Wut und Aggression tatsächlich ausleben dürfen. Denn ausleben werden sie ihre Wut ohnehin, wenn nicht auf diese Weise, dann auf eine andere.

Meditationstext

Dein Schutzengel fragt dich, ob du heute Lust hast, so richtig Krach zu machen. Du atmest ein paarmal tief durch und entspannst dich mehr und mehr. Dein Atem kommt und geht ruhig und gleichmäßig. Nun taucht vor deinem inneren Auge ein großer, starker Indianer auf. Er hat lange schwarze Haare und eine Indianerfeder auf dem Kopf. Dein Schutzengel legt dir eine Hand auf den Rücken, so daß du gar keine Angst hast.

Der Indianer sitzt auf einem großen, schwarzen Pferd. Das sieht sehr aufregend aus, du fühlst dich sicher und geborgen. Der Indianer hat zwei kleinere Pferde mitgebracht, eins für dich und eins für deinen Schutzengel. Dein Schutzengel setzt dich auf das Pferd, das du dir aussuchst. Er weiß, daß du bestimmt sehr gerne reiten willst.

Das Pferd hat genau die richtige Größe für dich, und du fühlst dich sehr wohl auf seinem Rücken. Dein Schutzengel breitet nun seine Flügel aus und fliegt auf das andere Pferd. Das sieht sehr lustig aus, und ihr müßt alle lachen.

Sogar die Pferde lachen. Dein Schutzengel berührt dich
kurz, und auf einmal kannst du reiten.

Der Indianer gibt euch ein Zeichen, daß ihr ihm folgen
sollt. Dein Schutzengel nickt, und ihr reitet hinter ihm her.
Der Weg führt durch einen Wald, zwischen riesig großen,
roten Felsen hindurch. Der Weg ist sehr aufregend und
ganz anders als alles, was du kennst.
Endlich kommt ihr in einem Indianerdorf an. Ein großes
Feuer brennt; da stehen Zelte, und du siehst viele Indianer
und Pferde. Ihr steigt ab.

Viele kleine Indianerkinder kommen auf dich zugerannt, um
dich zu begrüßen. Sie wundern sich, weil du so anders aussiehst als sie selbst, aber vor allem freuen sie sich, dich kennenzulernen. Sie führen dich zu dem großen Feuer. Viele Indianer sitzen dort und schlagen die Trommeln. Ein Platz mit
einer Trommel ist noch frei. Die Indianer sagen, daß sie auf
dich gewartet haben und sich sehr freuen, daß du jetzt da bist.
Du setzt dich hin und nimmst die Trommel zwischen die
Knie. Vorsichtig nimmst du auch die Stöcke und schägst
leicht auf die Trommel. Das fühlt sich sehr gut an, auch
wenn der Ton noch sehr leise ist. Der Indianer neben dir
zeigt dir, wie du die Stöcke am besten halten kannst und wie
man die Trommel schlägt. Du probierst es aus, und auf einmal weißt du, wie es geht. Du beginnst, sehr fest auf die
Trommel zu schlagen. Das tut dir sehr gut und gibt dir Kraft!

Vielleicht beginnt Ihr Kind nun, wild im Bett oder auf der Matte herumzutrommeln oder zu treten, lassen Sie es bitte zu; gerade Wut ist ein sehr körperliches Gefühl.

Die Indianer beginnen nun, dich zu begleiten. Immer fester und schneller schlägst du auf die Trommel. Du strengst dich richtig an! Es wird sehr laut und deine ganze Wut und Anspannung fließen in die Trommel hinein. Vielleicht kannst du die Wut wie eine Farbe sehen, die aus dir herausströmt, rot oder orange vielleicht. Du schlägst so lange auf die Trommel, bis deine ganze Wut weg ist, bis keine Farbe mehr aus dir herausfließt. Die Indianer helfen dir dabei. Das ist vielleicht ein Lärm!
Es fühlt sich sehr gut an, kraftvoll, stark.
Irgendwann kannst du nicht mehr, und du bist auch nicht mehr wütend.

Du legst die Stöcke hin, und auch die Indianer hören auf zu trommeln. Auf einmal ist es ganz, ganz leise, und du hörst nur noch das Knacken des Feuers.
Dein Schutzengel tippt dir nun sehr liebevoll auf die Schulter. Du kuschelst dich an ihn und bedankst dich bei den Indianern.

Ihr steigt wieder auf die Pferde und reitet zurück. Der Indianer sagt, daß du immer herkommen kannst, wenn du wü-

tend bist. Sie helfen dir sehr gerne, deine Wut herauszutrommeln, denn das ist wichtig für dich.
Langsam führt dich dein Schutzengel nun zurück in diesen Raum und in deinen Körper. Du fühlst dich ruhig, klar und auch ein wenig müde von all der Anstrengung.

Der sichere Raum

Für jedes Kind

Die Idee des inneren sicheren Raumes zieht sich durch jede Lehre, in jedem Meditationsführer findet man eine entsprechende Übung. Wie unermeßlich wichtig dieser innere sichere Raum ist, zeigt folgende Geschichte, die mich fast zu Tränen gerührt hat:
Ich hatte mit einigen Kindern die »Sichere-Raum-Meditation« durchgeführt. In der nächsten Stunde kam ein kleines Mädchen zu mir und bedankte sich. Sie sagte, sie sei von zwei großen Jungs verprügelt worden, und als sie auf dem Boden lag, sei sie in ihren sicheren Raum gegangen und habe dort Hilfe von ihrem Schutzengel bekommen.
Abgesehen davon, daß ich es unglaublich schrecklich finde, daß kleine Mädchen von großen Jungs verprügelt werden, war ich sehr, sehr dankbar dafür, daß sie überhaupt eine Art von Schutz in sich trug, und daß dieser sogar in einer solchen Situation funktionierte.
(Ich hoffe dennoch, beim nächsten Mal reitet sie auf ihrem inneren Tiger und wehrt sich!)

Meditationstext

Heute lernst du einen Raum kennen, der für immer dein sicherer Raum sein wird. Dein Schutzengel will, daß du auch in dir ein Versteck hast, einen Ort, an dem du niemals gestört werden kannst, an den du gehen kannst, wann immer du willst.

Er nimmt dich liebevoll an die Hand und führt dich zu einem großen Baum. Das ist ein Baum, den du vielleicht schon kennst, vielleicht aber siehst du ihn jetzt zum ersten Mal. Der Baum ist riesig groß und sehr, sehr fest in der Erde verwurzelt. In seinem Stamm gibt es eine kleine Tür, gerade so groß, daß du hindurchpaßt. Dein Schutzengel sagt dir, daß du diese Tür ruhig öffnen darfst, denn sie ist nur für dich, und nur du kannst sie sehen. Du öffnest also die Tür, während dir dein Schutzengel seine Hand auf den Rücken legt. Du fühlst dich sicher und geborgen, da du weißt, daß dir nichts passieren kann.

Ein wenig aufgeregt trittst du in das Innere des Baumes ein. Hier ist es ganz anders, als du erwartet hast – viel größer und heller! Dein Schutzengel sagt dir, daß das ein besonderer Platz ist, ein magischer Schutzort. Der Baum sieht von außen aus wie ein gewöhnlicher Baum, damit ihn niemand als magischen Schutzort erkennt. Im Inneren des Baumes kannst du nach oben oder nach unten gehen, je nachdem, wo du dich wohler fühlst, und wozu du am meisten Lust hast. Wenn du magst, dann sag doch einfach laut, wohin du gehen willst.

Nach oben:
(symbolisiert den Wunsch Ihres Kindes nach Leichtigkeit und spiritueller Kraft)

Eine Treppe führt dich nach oben, immer weiter hoch ins Innere des Baumes. Der Baum kommt dir nun vor wie eine Art Turm. Du fühlst dich jetzt schon sehr geborgen; du weißt, hier findet dich niemand, wenn du es nicht willst.
Das Licht ist weich und wird immer heller, je weiter du nach oben kommst. Dein Schutzengel ist hinter dir und begleitet dich, er gibt dir Halt, falls du welchen brauchst.
Auf einmal stehst du in einem wunderschönen Zimmer. Es ist rund und hat Fenster nach allen Seiten, aber es ist so weit oben, daß niemand hineinschauen kann. Hier oben ist alles genau so, wie du es liebst.
Da gibt es deine Lieblingsspielsachen, ein wundervolles, weiches Bett, alles, was du gerne ißt und trinkst. Wenn du die Fenster aufmachst, fliegen Vögel zu dir ins Zimmer, vielleicht sogar andere Engel und kleine Elfen – wenn du das willst und erlaubst.
Du kannst die Fenster natürlich auch zulassen und sogar die Vorhänge vorziehen, dann bist du vollkommen geschützt. Hier oben ist alles ein bißchen anders, hier oben weißt du viel besser, was du willst und was gut für dich ist. Hier oben in deinem Zimmer ist die Welt so, wie du sie siehst. Hier gibt es alles, was du dir an Schönem vorstellen kannst.

Um den Baum herum gibt es einen magischen Schutz. Hier kann nichts hinein, was nicht durch und durch liebevoll und gut ist, weder durch die Tür, noch durch die Fenster. Das Licht ist hell und weich, fast, als wärest du im Himmel. Du ruhst dich nun aus, du legst dich vielleicht auf das Bett, oder du gehst ein bißchen spielen, ganz wie du magst.

Dein Schutzengel ist an deiner Seite und führt dich wieder zurück, wann immer du das möchtest. Wenn du irgendwann einmal ganz schnell hier hineinkommen willst, dann trägt dich dein Schutzengel nach oben, und du, nur du allein, kannst durch ein Fenster in deinen sicheren Raum gelangen.

Nach unten:
(symbolisiert den Wunsch Ihres Kindes nach Stabilität und irdischer Kraft)

Eine kleine Treppe führt dich nach unten in die Wurzeln des Baumes. Dein Schutzengel begleitet dich. Er geht vor, damit er dich auffangen kann, falls du stolpern solltest. Das Licht wird weicher und wärmer, es riecht vielleicht ein bißchen nach Erde und Moos. Du kommst dir vor wie ein kleiner Zwerg, der sein Häuschen in den Wurzeln der Pflanzen baut. Es wird noch wärmer, das ist sehr angenehm. Die Wärme durchströmt dich und gibt dir Kraft. Auf einmal stehst du in einer Höhle. Ein Feuer brennt, aber du weißt, du brauchst keine Angst zu haben. Es ist ein magisches Feuer, es wärmt dich, kann dich aber nicht verletzen.

Die Höhle ist sehr gemütlich, es gibt all deine Lieblingsspielsachen, ein warmes, weiches Bett und alles, was du am liebsten ißt und trinkst. Du fühlst dich sehr sicher in dieser Höhle, du weißt, niemand kann dich hier finden. Hier unten ist alles ein bißchen anders, hier unten weißt du auf einmal viel besser, was du willst und was gut für dich ist. Hier unten in deiner Höhle ist die Welt so, wie du sie siehst. Hier gibt es alles, was du dir an Schönem vorstellen kannst.

Um den Baum herum ist ein magischer Schutz. Hier kann nichts hinein, was nicht durch und durch liebevoll und gut ist.
Es gibt einen kleinen, geheimen Ausgang aus der Höhle, den nur ganz wenige, sehr liebevolle Wesen wie Zwerge, Feen und kleine Häschen kennen. Wenn du magst, dann kannst du sie rufen, aber du kannst auch allein bleiben und spielen oder dich am Feuer wärmen.

In dieser Höhle bist du vollkommen sicher und geborgen, und das spürst du auch. Du kannst dich entspannen und aufatmen; hier kann dir nichts passieren. Nur wenn du es willst, kommen die kleinen Wesen, um mit dir zu spielen, und sie gehen sofort wieder, wenn du lieber allein sein willst. Nur dein Schutzengel ist immer da, aber sogar er kann sich so klein machen, daß du ihn nicht mehr wahrnimmst, wenn du nicht magst.

Wenn du einmal ganz schnell in deine Höhle gehen willst, dann trägt dich dein Schutzengel durch den geheimen Gang hinein. Du kannst immer sicher sein, daß dir niemand folgt. In dieser Höhle bist du wirklich beschützt.

Wenn du magst, dann führt dich dein Schutzengel nun wieder hinaus. Vielleicht willst du aber noch eine Weile hierbleiben, dich ausruhen oder spielen. Dann kommst du eben erst in ein paar Minuten zurück.

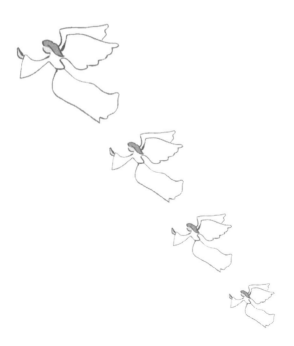

Im Innern des Baumes

Für unruhige, haltlose Kinder, die mit den Füßen nicht richtig mit der Erde verwurzelt zu sein scheinen, keine Grenzen kennen oder akzeptieren

Meditationstext

Dein Schutzengel lädt dich heute ein, eine ganz besondere Reise zu machen. Er führt dich zu einem wunderschönen Baum. Was für ein Baum mag das wohl sein? Vielleicht ist er noch ganz klein und jung, vielleicht auch schon groß und erwachsen. Auf jeden Fall ist dieser Baum genau richtig für dich. Dein Schutzengel flüstert dem Baum etwas zu. Es sieht aus, als würde der Baum nicken. Dein Schutzengel sagt dir, daß du, wenn du Lust dazu hast, für eine Weile in den Baum schlüpfen und fühlen darfst, wie es ist, ein Baum zu sein.

Du nickst, und dein Schutzengel sagt, daß du dich ganz fest an den Baum lehnen darfst. Du gehst also zu dem Baum und lehnst dich ganz fest an seinen Stamm. Auf einmal kommt es dir vor, als wärest du der Baum. Du spürst deutlich, wie du unten am Stamm Wurzeln hast, die tief in die Erde hineinreichen und dir einen sicheren Halt geben.

Vielleicht spürst du sogar, wie die Wärme und die Kraft der Erde in dich hineinströmen.

Es ist ein sehr gutes, stabiles Gefühl, so feste Wurzeln zu haben. Nichts kann dich umwerfen, du wirst ganz tief in der Erde gehalten. Selbst ein heftiger Wind oder ein Sturm machen dir nichts aus. Du spürst diese stabile Kraft im ganzen Körper, und sie macht dich stärker. Die Kraft, die aus der Erde in deinen Stamm fließt, hat vielleicht die Farbe, Rot oder Braunrot, vielleicht auch eine ganz andere. Auf jeden Fall wärmt sie dich und gibt dir Kraft.
Jetzt spürst du, wie die Kraft durch den Stamm auch in die Äste des Baumes fließt. Du spürst sie bis in die Blattspitzen und Blüten hinein. Sie werden jetzt größer und stärker mit der Kraft der Erde.

Nun bemerkst du, wie das Licht und die Wärme der Sonne durch deine Blüten und Blätter in dich hineinzuströmen beginnen. Das fühlt sich wunderbar an, sehr leicht und angenehm. Deine Blätter nehmen die Kraft der Sonne in sich auf und werden sehr schön grün. Du breitest deine Äste so weit aus, wie du kannst. Die Wärme der Sonne strömt in deine Äste und von da aus weiter in deinen Stamm. Du bist jetzt vollkommen mit Kraft, Stärke und Wärme erfüllt, und du genießt diesen Zustand sehr. Du fühlst dich ruhig und stabil, und du weißt, daß du fest verwurzelt in der Erde ruhst.

Nach einer kleinen Weile berührt dich dein Schutzengel sanft am Stamm, und auf einmal bist du wieder du selbst. Der Baum sagt dir, daß du die Kraft der Erde und der Sonne mitnehmen darfst. Der Baum bekommt ja immer wieder neue Kraft aus der Erde und der Sonne; er kann dir also genug davon abgeben.

Immer, wenn du dich ein bißchen unsicher und schwach fühlst, kannst du von nun an in den Baum schlüpfen und dir seine Wärme und Kraft geben lassen. Dein Schutzengel wird dich hinführen, wann immer du ihn darum bittest.

Der Wasserfall

Sehr gut nach einem anstrengenden Tag, nach Streit, Ärger oder immer, wenn das Kind etwas loslassen und abschütteln möchte

Falls Ihr Kind sich dabei gut konzentrieren kann, können Sie diese Übung auch beim tatsächlichen Duschen durchführen. Falls das nicht der Fall ist, können Sie Ihrem Kind zumindest sagen, daß es mit dem Wasser auch all den inneren Schmutz abwaschen kann, den es heute vielleicht in sich aufgenommen hat. Es ist sehr sinnvoll, das innere mit dem äußeren Leben immer mehr zu verbinden und in Einklang zu bringen. Und wie wäre es, wenn Sie sich selbst auch von allem reinigen, was Sie nicht mehr länger unterstützt?

Meditationstext

Dein Schutzengel führt dich heute zu einer Zauberquelle, die wie ein kleiner Wasserfall aussieht.
Das Wasser, das hier entspringt, ist ganz besonderes Wasser. Dein Schutzengel erzät dir, daß dieses Wasser heilen kann. Es kann nicht nur deinen Körper, sondern auch deine Gefühle und Gedanken reinwaschen. Du gehst zu der Quelle hin, und dein Schutzengel reicht dir einen sehr schönen

Becher. Du tauchst den Becher in das Wasser und trinkst ihn aus. Sofort fühlst du dich leichter und freier.
Dein Schutzengel sagt, daß du, wenn du magst, deine Kleider ausziehen und unter dem Wasserfall duschen darfst. Du bekommst auf einmal große Lust dazu, denn das Wasser funkelt und glitzert in den schönsten Farben.

Du weißt plötzlich, daß es dir sehr guttun wird, dich unter den Wasserfall zu stellen. Du ziehst deine Kleidung aus und gibst sie deinem Schutzengel. Er berührt sie, und sie scheinen sich in ein Zaubergewand zu verwandeln.

Du tauchst zuerst einen Fuß in das Wasser. Es hat eine angenehme Temperatur, es ist frisch und klar und fühlt sich wundervoll an. Fast wie Sprudelwasser mit kleinen Luftperlen.

Du stellst dich nun ganz unter den Wasserfall und hältst sogar den Kopf darunter. Dein Schutzengel paßt auf, daß du trotzdem gut atmen kannst. Du weißt, dir kann nichts passieren. Du bekommst leicht und einfach Luft, sogar, wenn du dein Gesicht in das Wasser hältst.

Das Zauberwasser wäscht jetzt alles von dir ab, was irgendwie schwer und drückend war. Die Schwere fließt wie Schmutz oder dunkle Farbe an dir hinunter, sogar aus den Haaren, den Ohren und aus deiner Nase.

Hat diese Schwere vielleicht eine bestimmte Farbe? Ist sie einfach dunkel oder vielleicht ganz anders?
Alles fließt von dir ab, bis du dich innen und außen ganz sauber fühlst. Du siehst, wie das schmutzige Wasser von dir abfließt und in einer Felsspalte verschwindet. In der Erde wird es wieder gereinigt, so daß es frisch und sauber weiterfließen kann.

Jetzt hast du genug geduscht. Du bist nun vollkommen frei und leicht. Du gehst von dem Wasserfall weg, und dein Schutzengel wartet schon mit dem weichsten, kuscheligsten Handtuch, das du je gefühlt hast. Dein Schutzengel hilft dir, dich abzutrocknen. Dann ziehst du deine Kleidung wieder an. Sie scheint irgendwie verwandelt zu sein, sie ist viel schöner und bunter als vorher, genau so, wie du es dir immer gewünscht hast. Sie gibt dir Kraft und ein schönes Gefühl von Freude.
Du fühlst dich jetzt einfach wundervoll: klar und frei, ganz leicht und glücklich.

Langsam führt dich dein Schutzengel nun von der Zauberquelle weg, und du kommst mit deiner Aufmerksamkeit zurück in deinen Körper.
Aber du weißt, immer, wenn du dich schwer fühlst, brauchst du nur deinen Schutzengel zu rufen, dann führt er dich zu der Zauberquelle, und du wirst wieder leicht und sauber.

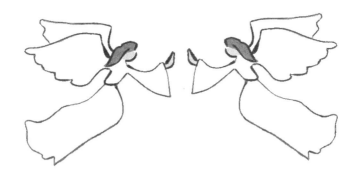

Die Fee der Wünsche

Ein besonderes Ritual für besondere Wünsche; das Kind lernt aber auch, daß nicht jeder Wunsch wirklich gut für sein Wohlbefinden ist. Sie können sich darauf verlassen, daß die innere Führung des Kindes (der Wächter) genau weiß, was für Ihr Kind gut ist und was nicht, und daß nur Wünsche zugelassen werden, die seinem Wohl tatsächlich dienen. Diese Meditation und das, was geschieht, wenn der Wächter das Kind nicht durchläßt, könnte auch für Sie selbst sehr hilfreich sein, oder?

Meditationstext

Hast du in einem bestimmten Bereich deines Lebens einen ganz besonderen Wunsch? Heute führt dich dein Schutzengel zur Wunschfee. Die Wunschfee läßt jeden Wunsch in Erfüllung gehen. Dein Schutzengel führt dich in einen wunderschönen Garten. Dieser Garten ist aber kein gewöhnlicher Garten; hier ist nämlich alles erlaubt. Du darfst auf dem Rasen umherrennen, du darfst Purzelbäume schlagen, du darfst sogar Blumen pflücken, wenn du das willst. Du tobst dich aus, während dein Schutzengel auf dich wartet. Auf einmal zeigt er dir einen gold-glitzernden Weg, der durch den Garten führt. »Das ist der Weg zum Schloß der Wunschfee«, sagt er. »Der Weg sieht normalerweise wie ein gewöhnlicher

Weg aus, aber heute, an diesem besonderen Tag, glitzert er nur für dich.« Ein wenig aufgeregt gehst du zusammen mit deinem Schutzengel den wunderschön glitzernden und funkelnden Weg entlang. Nach einer kleinen Weile kommt ihr zu einem Tor. Ein großer Wächter steht vor dem Tor, und du erschrickst ein bißchen. Aber dein Schutzengel stellt sich hinter dich und gibt dir Kraft. Er sagt dir, daß nur Kinder, die wirklich wissen, was sie wollen, zu der Fee kommen dürfen.

Der Wächter sagt dir, daß du ihm deinen Herzenswunsch in sein Ohr flüstern sollst. Dein Schutzengel nickt dir zu, und du sagst ganz leise, was du dir wünschst.

Nun schau, was geschieht.

Läßt der Wächter dich durch? Öffnet er das Tor für dich? Gib ein Zeichen, wenn er dich durchläßt, hebe kurz die Hand oder nicke.

*Sie warten auf das Zeichen – wenn es **nicht** kommt und der Wächter das Kind **nicht** durchläßt, lesen Sie bitte folgenden Text:*

»Wenn dich der Wächter nicht zu der Wunschfee gehen läßt, dann brauchst du einen anderen Wunsch«, erklärt dir dein Schutzengel. »Die Fee kann nicht anders, als die Wünsche Wirklichkeit werden zu lassen. Die Aufgabe des Wächters ist es, darauf zu achten, daß die Wünsche der Kinder für alle wirklich gut sind.«

Du fragst nun deinen Schutzengel, was du dir statt dessen wünschen sollst.

Er sagt dir, daß du dir ganz fest vorstellen darfst, dein Wunsch wäre in Erfüllung gegangen, was auch immer es ist. Stelle es dir also so deutlich vor, wie du nur kannst.

Wie ist das? Wie fühlt sich dein Körper dabei an? Ist es warm, kühl, kribbelt es? Und welche Farbe könnte dieses Gefühl haben? Sieh ganz deutlich, wie sich dein Wunsch erfüllt hat, und dann merke dir das Gefühl. Dein Schutzengel sagt, daß du dir dieses Gefühl von der Fee wünschen sollst.

Nun flüsterst du dem Wächter ins Ohr, welches Gefühl du dir von der Fee wünschen willst.

Für alle:

Er lächelt dir zu und öffnet das Tor.

Du gehst mit deinem Schutzengel auf das Schloß der Fee zu. Es sieht genauso aus, wie du dir ein Märchenschloß vorstellst, du kannst dich gar nicht daran satt sehen. Ihr betretet das Schloß durch den riesigen Haupteingang, dann führt dich dein Schutzengel in einen sehr schönen Raum. In diesem Zimmer findest du all deine Lieblingsfarben. Die Möbel, die Teppiche, die Tapeten sind genau richtig für dich. Staunend schaust du dich um, du darfst sogar alles anfassen. Eine kleine Tür öffnet sich, und die Fee erscheint. Sie ist wunderschön, und du fühlst dich gleich sehr wohl bei ihr. Sie lächelt dich sehr liebevoll an und fragt dich nach deinem Wunsch. Du sagst ihr, was du dir wünschst, und sie nickt. Zum Zeichen, daß dein Wunsch in Erfüllung gehen wird, gibt sie dir ein Geschenk.

Du bedankst dich bei ihr, und dein Schutzengel sagt, daß es nun Zeit ist zu gehen. Eine kleine Hintertür führt aus dem Schloß hinaus in den riesigen Schloßpark. Wenn du Lust hast, kannst du nun noch eine kleine Weile im Park spielen. Komme dann mit deiner Aufmerksamkeit zurück in deinen Körper.

Du weißt, daß dich dein Schutzengel jederzeit zu der Wunschfee führen kann, wenn du einen dringenden Wunsch für dich oder auch für andere hast.

Die Schatzkammer

Für entmutigte Kinder; nach schlechten Noten, nach Mißerfolgen oder einem Streit; immer wenn ein Kind sich selbst in Frage stellt und sich schuldig und verantwortlich fühlt

Meditationstext

Heute will dir dein Schutzengel zeigen, was für ein ganz besonderer Mensch du bist. Ihr geht gemeinsam in einer wunderschönen Landschaft spazieren. Du rennst auf einer Wiese umher, du spielst mit ein paar Häschen Fangen, vielleicht willst du auch ein bißchen unter einem Wasserfall planschen ... Du entspannst dich und hast eine Menge Spaß.

Dein Schutzengel sagt nun, er möchte dir einen ganz besonderen Ort zeigen, einen Ort, an dem du erfahren darfst, wie wundervoll und liebenswert du selbst bist. Du nickst, auch wenn du dir gar nicht vorstellen kannst, wohin er dich führen will. Du bist gespannt darauf und vertraust deinem Schutzengel, denn ihr beide kennt euch ja schon sehr gut.

Er führt dich zu einem kleinen Haus, das mitten im Wald liegt. Dein Schutzengel erklärt dir, daß das Haus extra gut versteckt ist, weil ein sehr wertvoller Schatz darin verborgen liegt. Dein Schutzengel holt nun einen großen, goldenen Schlüssel aus seiner Tasche und gibt ihn dir. Er sagt, daß nur du das Häuschen aufschließen darfst. Aber wenn du magst, dann hilft er dir gerne dabei.

Gemeinsam öffnet ihr also die Tür. Plötzlich bleibst du stehen – all die Menschen, die dich sehr lieben, stehen auf einmal in diesem Haus! Du freust dich sehr! Jeder will dich umarmen und dir sagen, wie sehr er dich liebt. Jeder Mensch sagt dir außerdem, was er an dir so sehr liebt, was an dir so wunderbar ist. Einige bedanken sich bei dir, weil du ihnen schon sehr geholfen hast, vielleicht ohne es zu bemerken.

Das ist ein magisches Haus, denn in diesem Haus kannst du all die Liebe tief in dich aufnehmen und wirklich spüren. Du merkst, wie du immer voller wirst von all der Liebe. Das fühlt sich sehr, sehr schön warm an, und du fühlst dich geborgen.

Nun nimmt dich auch dein Schutzengel in den Arm und sagt dir, daß er ganz besonders gerne dein Schutzengel ist, und daß er sich gerade dich ausgesucht hat, weil du so ein lieber kleiner Mensch bist. Er hat ein Geschenk für dich, damit du nie wieder vergißt, wie lieb dich alle haben und wie wertvoll du bist.

Du öffnest das schön verpackte Geschenk: es ist etwas, was du dir insgeheim – vielleicht ohne es selbst so genau zu wissen, schon immer gewünscht hast. Du spürst, daß dein Schutzengel immer weiß, was du brauchst und was dir wirklich Freude macht, und daß er dafür sorgt, daß du es auch bekommst.

Nun führt er dich in eine kleine Kammer weiter hinten im Haus. Hier gibt es ein Geheimnis. Diese Kammer ist nämlich eine Schatzkammer, deine eigene geheime Schatzkammer. Hier liegen all deine Fähigkeiten verborgen, alles, was du gut kannst, und alles, was dich zu dem Menschen macht, der du bist. Die ganze Kammer ist voll von wundervollen Dingen. All das sind deine inneren Schätze, all das macht dich wertvoll und liebenswert. Immer, wenn du das Gefühl hast, gar nichts zu können oder nicht gut genug zu sein, darfst du hierherkommen und dir ansehen, was du alles kannst und wie viele innere Schätze du hast. Wenn du willst, darfst du nun einen der Gegenstände mit nach draußen nehmen. Vielleicht sagt dir dein Schutzengel, welche gute Seite in dir dieser Gegenstand zeigt? Was kannst du ganz besonders gut? Und wie könntest du das in deinem täglichen Leben machen?

Du wirst immer glücklicher und ruhiger, weil du jetzt weißt, daß du ein wertvoller und liebenswerter Mensch bist.

Wenn du magst, dann kannst du anderen Kindern, die nicht so glücklich sind, von der Kammer erzählen, denn jedes Kind hat ein solches Haus in sich.

Du verläßt nun das Haus, schließt wieder ab und gibst deinem Schutzengel den Schlüssel zurück. Er bewahrt ihn für dich auf, bis du ihn wieder brauchst. Du kannst, wann immer du willst, in deine geheime Schatzkammer zurückkehren.

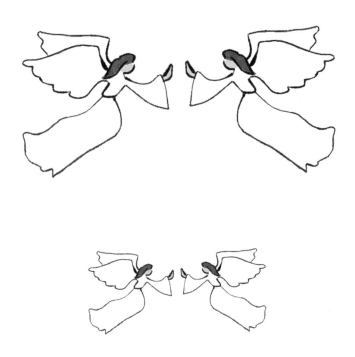

Der Seerosenteich

Für angespannte, angestrengte, gestreßte Kinder, die nicht zur Ruhe kommen; auch sehr gut zum Einschlafen

Meditationstext

Dein Schutzengel fragt dich, ob du dich ein bißchen ausruhen willst. Er trägt dich auf seinen Armen, und wenn du willst, dann fliegt er sogar mit dir. Du fühlst dich geborgen und sicher. Er nimmt dich mit zu einem großen Teich, auf dem rosa und weiße Seerosen blühen. Er ruft einen schönen, goldenen Fisch ans Ufer. Wenn du willst, trägt dich der Fisch zu einer besonders schönen, großen Seerose. Dein Engel berührt dich, und du wirst so klein, daß du bequem auf dem Fisch sitzen kannst.

Du hältst dich an seiner Rückenflosse fest, und läßt dich sanft durch das Wasser tragen. Du hast gar keine Angst, denn dein Schutzengel ist immer bei dir – und außerdem fühlst du dich auf dem Fisch sehr sicher. Der Fisch sagt dir, daß du dir eine Blüte aussuchen darfst, in der du dich ausruhen kannst. Du schaust dich um und entdeckst eine besonders schöne Seerose, die dich sogar zu rufen scheint.

Der goldene Fisch fragt dich, ob er dich hinbringen darf, und du nickst.
Ruhig gleitet er durch das Wasser, das ist sogar ein bißchen aufregend. All die anderen Fische schauen euch zu und lachen fröhlich. Einige Elfchen sitzen in den Seerosen, sie begrüßen dich und freuen sich, daß du sie besuchst. Nun seid ihr bei der Seerose, die du dir ausgesucht hast, angekommen.

Sie öffnet ihre Blätter so weit, daß du bequem hineinklettern kannst. Der Fisch verabschiedet sich von dir und sagt, daß er dich sofort wieder ans Ufer trägt, wenn du ihn rufst. In der Seerose sitzt eine besonders schöne Elfe, sie sagt, wenn du willst, darfst du dich in die Blüte legen und dich ausruhen.

Sie wird für dich singen, wenn du das magst oder einfach nur dasein. Wenn du lieber allein sein möchtest, läßt sie dich auch allein. Alles ist so, wie du es willst – du brauchst es nur zu sagen.

Du legst dich in die Seerose hinein, sie ist wunderbar weich und angenehm. Die Rose beginnt nun, dich sanft zu schaukeln, treibt auf dem Wasser umher und wiegt dich liebevoll hin und her. Weich und sanft schaukelst du auf dem Wasser, ihr treibt an verschiedenen Blüten vorbei. Du grüßt die Elfen, die in anderen Blüten sitzen und spielen. Schließlich

trägt dich deine Blüte bis unter einen Baum, eine riesige Trauerweide, die ihre Äste tief in das Wasser hängen läßt. Hier kommt die Blüte zur Ruhe.
Das Licht ist sanft und grün, das Wasser ist ruhig, du wirst müde und schließt vielleicht die Augen. Weich wiegt dich das Wasser, sanft fällt das grüne Licht auf dich, du beruhigst dich mehr und mehr, sinkst tiefer und tiefer in den Schlaf.

Falls Ihr Kind noch nicht schlafen möchte, dann holen Sie es nach einer Weile mit sanfter Stimme zurück:

Nun reckst und streckst du dich ein bißchen – du hast dich genug ausgeruht. Du rufst den goldenen Fisch, und er bringt dich ans Ufer zurück. Dort wartet dein Schutzengel schon auf dich. Er berührt dich wieder an der Schulter, und du bist so groß wie vorher. Er bringt dich zurück in diesen Raum, zu dem Ort, an dem du liegst. Du öffnest nun die Augen, fühlst dich frisch und munter und viel ruhiger als zuvor. Dein Schutzengel ist bei dir, auch wenn du jetzt zurück in deinen Alltag gehst.

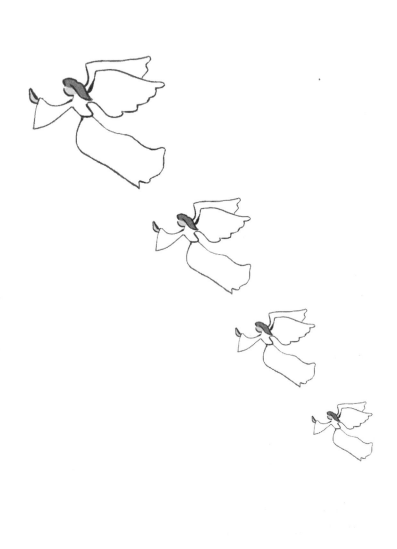

Das Stehaufmännchen

Für zappelige Kinder, die ihre Mitte nicht zu finden scheinen. Kinder, die keine Minute ruhig sitzen können; auch gut geeignet zum Einschlafen. Bitte erklären Sie Ihrem Kind – falls Sie es für nötig halten – daß es keinen Sand essen sollte; die Vorstellung, welchen im Bauch zu haben, genügt vollkommen.

Meditationstext

Heute möchte dir dein Schutzengel ein ganz besonderes Wesen vorstellen. Es ist ein Stehaufmännchen. Das ist ein kleines Männchen, das immer wieder aufstehen kann, egal, was ihm geschieht. Es steht immer fest und sicher auf der Erde. Es hat ein Geheimnis, das es dir gerne erzählen will, damit auch du dich ruhig und sicher fühlen kannst, was auch immer passiert.

Und das ist sein Geheimnis: Es hat nämlich eine Menge Sand im Bauch, damit es immer schwer und ruhig ist! Es sagt, daß du dir vorstellen sollst, daß dein Körper aus Glas besteht und mit Wasser gefüllt ist. Probiere das einmal, wenn du magst, stelle dir vor, dein ganzer Körper wäre nichts als Wasser. In diesem Wasser ist eine ganze Menge Sand verrührt, der wirbelt nur so in dem Wasser umher und macht dich unruhig. Das Wasser sieht richtig schmutzig aus mit dem vielen Sand. Jetzt stell dir vor, daß du deinen gläsernen Körper mit dem sandigen Wasser an einen ruhigen Ort bringst. Du stellst dich dorthin und kommst zur Ruhe.

Langsam beginnt der Sand in deinem Körper hinabzusinken. Der oberste Rand des Wassers wird schon viel klarer. Der Sand sinkt tiefer und tiefer in deine Füße und Beine hinein und macht sie schwer und stabil. Immer klarer wird das Wasser, während sich deine Beine und Füße langsam mit Sand füllen. Schwerer und schwerer werden deine Beine und deine Füße; das fühlt sich sehr gut an, und du spürst vielleicht schon ein bißchen, wie du zur Ruhe kommst. Das Wasser wird immer klarer, jetzt schweben nur noch wenige Sandkörner im Wasser herum. Du wirst noch ruhiger, und auch die letzten Sandkörner setzen sich nach und nach ab.

Jetzt ist der ganze Sand auf dem Boden deines gläsernen Körpers gesunken, deine Beine, Füße und auch dein Becken sind schwer und warm. Das Wasser in der oberen Hälfte deines Körpers, im Kopf und in der Brust, ist sehr klar und erfrischend.
Dein Schutzengel schickt dir nun einen sehr hellen Lichtstrahl in das Wasser, vielleicht taucht er einen Finger hinein, oder er schickt ihn dir einfach so. Das klare Wasser leuchtet auf, es wird sehr hell und klar, immer reiner und

frischer, während der Sand ruhig am Boden liegt. Du stehst ganz still, damit auch der Sand unten bleibt. Es fühlt sich sehr gut an, oben ganz klar zu sein, während deine Beine und Füße schwer und warm sind und du noch tiefer, immer tiefer, sinkst.

Wenn das Kind nicht schlafen möchte oder sollte:

Langsam atmest du jetzt ein bißchen tiefer, du reckst und streckst dich vorsichtig, damit der Sand nicht zu sehr verwirbelt wird. Du öffnest die Augen und fühlst dich sehr ruhig und klar, wenn du jetzt aufstehst. Immer wenn du unruhig und kribbelig bist, kannst du dir vorstellen, dein inneres Wasser zur Ruhe zu bringen, während der Sand langsam in dir absinkt und das Wasser klar und frisch wird.

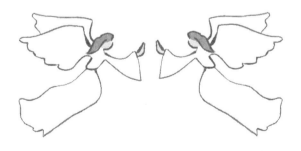

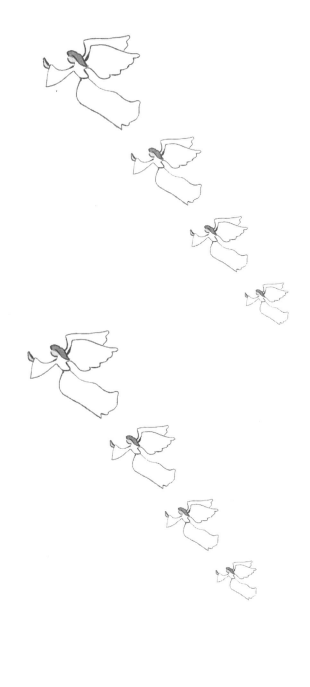

Die Farbe deiner Freude

Wenn es Ihrem Kind langweilig ist

Langeweile zu haben heißt, von dem eigenen momentanen Impuls (den es immer gibt) abgeschnitten zu sein. Entweder schneiden wir uns ab, weil wir in diesem Bereich verletzt sind und einen Impuls deshalb nicht zulassen können oder, weil das, was unser Impuls uns sagt, (scheinbar) verboten ist. »Scheinbar« deshalb, weil wir, wenn wir innerlich gesund und ausgeglichen sind, niemals echte innere Impulse bekommen, die aus höherer Warte gesehen nicht dem Ganzen dienen. Selbst wenn der Impuls da ist, wie verrückt auf der Couch herumzuhüpfen, macht das Sinn, weil Ihr Kind dann anscheinend überschüssige körperliche Energie loswerden muß. Wenn es seinen Impuls spüren und ausdrücken darf, dann finden Sie sicher gemeinsam Möglichkeiten, sie auch auszuleben, ohne daß Ihre Couch dabei Schaden nimmt.
Besser als sich zu langweilen ist es also, den Impuls zu spüren und die entsprechenden Gefühle zuzulassen.

Diese Meditation dient dazu, dem eigenen inneren Impuls auf die Spur zu kommen. Das heißt noch lange nicht, daß ihn das Kind dann auch genau so ausführen muß, aber es spürt, wo seine Kraft gerade fließt. Dazu möchte ich Ihnen eine kleine Geschichte erzählen:

Eines der Kinder meiner Gruppe wollte nach einer Meditation nicht malen. Das ist ja nun kein Drama, ich fragte also, was es statt dessen tun wolle. Ihm fiel nichts ein. Wir machten die nachstehende Übung, und nichts kam, es gab scheinbar wirklich keinen Impuls. Ich sagte: »Dann mal doch einfach etwas, auch wenn du keine Lust hast, dein Schutzengel wird dir schon einen Einfall schicken.« Dazu muß man wissen, daß unsere Schutzengel am besten mit uns arbeiten können, wenn sie ein »Angebot« erhalten, wenn sie also eine Möglichkeit bekommen, sich irgendwo einzuklinken, uns irgendwie zu erreichen. Es ist manchmal besser, irgend etwas zu tun, – auch wenn es nicht viel Freude macht, – als nur stumpf herumzusitzen, weil die Impulse erst durch das Tun einen Zugang finden. Der Kopf wird dadurch frei.

(Am besten ist es natürlich, nicht stumpf, sondern offen herumzusitzen, nichts zu tun, als die Leere auszuhalten, und dennoch wachsam für die Impulse zu sein, aber das ist die höchste Stufe der Meditation.)

Ich sagte also zu dem Jungen, er solle einfach trotzdem etwas malen, sein Schutzengel würde ihm dann schon die richtigen Einfälle geben. Er sagte, er wolle nicht malen, weil er es nicht könne! Das war also der Konflikt. Er konnte seinen Impuls erst gar nicht spüren, weil eine Verletzung hineinprogrammiert war. Schließlich malten wir gemeinsam ein Bild (ich kann übrigens auch nicht malen), und plötzlich meinte er, jetzt wäre die Energie golden (sie-

he Übung), jetzt sei das genau der Impuls, den er gesucht hat. Seine Scham über seine vermeintliche Unfähigkeit blockierte also die Freude am Malen; deshalb kam der Impuls erst gar nicht in seinem Bewußtsein an.

Meditationstext

Setz dich oder leg dich hin, schließe deine Augen, und bitte deinen Schutzengel zu dir. Heute darfst du ihn um etwas bitten. Gib ein Zeichen, wenn du ihn spürst.

Warten Sie auf das Zeichen.

Nun sage ihm, daß er dir eine Farbe schicken soll, die dein inneres »Ja« zeigt, eine Farbe, die du mit Freude und Spaß verbindest. Welche Farbe siehst du, wenn du ganz glücklich und zufrieden bist? Vielleicht zeigt er dir auch ein Bild, ein Tier oder ein Wort. Ein Zeichen oder eine Farbe, die dann kommt, wenn du so richtig viel Spaß hast. Na, welche Farbe oder welches Zeichen ist das? Wenn du magst, dann sag es laut.

Wenn du die Farbe oder das Zeichen erhalten hast, dann bitte deinen Schutzengel, dir einen Einfall zu geben.
Was könntest du machen, damit diese Farbe in dir erscheint? Was wäre jetzt, genau jetzt, etwas, das du tun könntest, um richtig Spaß zu haben? Denke bitte nicht darüber nach, son-

dern frag deinen Schutzengel. Welche Beschäftigung würde jetzt diese schöne Farbe in dir hervorrufen?

Und wie könntest du das jetzt am besten machen?
Nun komm zurück, öffne die Augen, und tu, was du tun willst, damit du dich glücklich und lebendig fühlst!

Diese Übung können Sie mit jedem beliebigen Gefühl durchführen; zum Beispiel kann Ihr Kind seinen Schutzengel fragen, welche Farbe für Geborgenheit, Zufriedenheit oder innere Ruhe steht, und dann um eine entsprechende Tätigkeit bitten.

Notfallmeditationen

Die ersten beiden Meditationen sind Bilder, die Ihr Kind für sich selbst anwenden kann, die beiden anderen sind innere Bilder, die Sie benutzen können, um Ihrem Kind Kraft zu schicken, wenn es selbst nicht in der Lage ist, sich etwas vorzustellen. Sie sind auch sehr hilfreich, um Ihr Kind mit Energie und Liebe zu versorgen, wenn Sie selbst nicht anwesend sein können. Sie können sich zu einer geistigen »Fernmeditation« verabreden, falls Sie Ihr Kind allein lassen müssen.

Diese Meditationen sind sehr kurz, und es ist sinnvoll, sie oft zu üben. Wenn Sie spüren, daß Ihr Kind in Schwierigkeiten gerät, es zappelig wird, Angst bekommt oder überfordert ist, erinnern Sie es an eines der inneren Bilder, die Sie nun vorgestellt bekommen.

Wichtig:

Wenn Ihr Kind eine dieser Notfallmeditationen anwendet, braucht es Ihre Unterstützung. Es kann womöglich nicht mehr angemessen auf die Außenwelt reagieren, weil es sich sehr in sich zurückzieht. Führen Sie Ihr Kind an der Hand, wenn es sich in der Lichtsäule befindet. Es bekommt nicht mehr alles mit, was außen geschieht und das ist ja auch der Sinn der Sache. Bitte holen Sie es zurück, wenn die Situation wieder sicher geworden ist.

Die Lichtsäule

Bitte deinen Schutzengel, sich in eine riesige weiße oder goldene Lichtsäule zu verwandeln. Und nun tritt hinein. Wenn du drin bist, dann nicke.
Und wenn du willst, wird die Lichtsäule außenherum dunkel, damit euch keiner mehr sieht. Du bist jetzt absolut sicher und geschützt in dieser Lichtsäule.

Notfallworte, wenn die Meditation geübt ist und Ihr Kind sehr rasch Hilfe braucht:

Schutzengel – Lichtsäule – geh hinein – Ränder dunkel – du bist sicher und geschützt

Wenn die Situation wieder sicher ist:

Nun wird die Lichtsäule an den Rändern wieder hell. Dein Schutzengel verwandelt sich wieder zurück, und du merkst, daß er dich die ganze Zeit im Arm gehalten hat. Du bist nun wieder ganz und gar im Hier und Jetzt und deine Sinne sind wach und frisch.

Die Schutzhülle

Dein Schutzengel gibt dir einen leichten schwarzen Mantel aus einem sehr weichen Stoff. Der Mantel ist so groß, daß du dich ganz darin verstecken kannst. Er hat sogar eine Kapuze. Du ziehst den Mantel an und bist auf einmal für andere unsichtbar. Niemand kann dich sehen – es sei denn, du willst es. Du bist vollkommen sicher und geschützt, nichts kann dir mehr passieren.

Notfallworte:
Schutzengel – Mantel – unsichtbar – geschützt und sicher

Lichtsäule schicken

Wenn Ihr Kind sehr krank ist oder so außer sich, daß es nicht selbst für sich sorgen kann, dann können Sie ihm die Lichtsäule schicken. Dazu bitten Sie Ihren eigenen Schutzengel, Kontakt mit dem Schutzengel Ihres Kindes aufzunehmen. Sie können auch den Schutzengel des Kindes direkt bitten, Sie kennen ja seinen Namen.
Bitten Sie ihn, sich in eine Lichtsäule zu verwandeln und sich schützend um Ihr Kind zu legen. Nun stellen Sie sich vor, wie Ihr Kind eingehüllt ist von dieser Lichtsäule und wie die Ränder dunkel werden. Sie sehen von außen, wie Ihr Kind in der Lichtsäule sicher und geborgen ist, wie die

Ränder dunkel sind und verhindern, daß Energie von außen zu ihm durchdringt.

Wenn es noch schneller gehen muß:

Stellen Sie sich vor, wie Ihr Kind in Licht eingehüllt ist – außen dunkel – sicher und geborgen.

Schutzhülle schicken

Hüllen Sie Ihr Kind in Gedanken in den schwarzen, langen Mantel. Nun ist es vollkommen verborgen, geschützt und unerreichbar. Bitten Sie seinen Schutzengel, es in die Arme zu nehmen und auf es aufzupassen. Sie sehen nun von außen, wie Ihr Kind in seinen Armen sicher und geborgen ist, wie es in dem Mantel eingehüllt und damit von außen nicht mehr erreichbar ist.

Wenn die Situation wieder sicher ist, stellen Sie sich bitte vor, wie es den Mantel ablegt und damit wieder frei und offen für gute äußere Einflüsse wird.

Selbstverständlich können Sie diese Übungen auch dann anwenden, wenn es Ihrem Kind gutgeht, dann lassen Sie bitte nur das Verdunkeln weg. Wann immer Sie daran denken, können Sie Ihrem Kind eine Lichtsäule schicken. Sie können sich zu bestimmten Zeiten verabreden und sich gegenseitig Lichtsäulen schicken, dazu brauchen Sie sich nur vorzustellen, daß das Kind in Licht eingehüllt ist, so lange, bis Sie es wirklich spüren. Bitten Sie die Schutzengel, Sie in diesem Prozeß zu unterstützen, dann wird es sehr viel leichter.

Vertrauen Sie ruhig Ihren Empfindungen. Es ist Liebe und Aufmerksamkeit, die Sie schicken, und es kommt als Liebe und Fürsorge an.

Die Technik der Lichtsäulen ist ein wundervolles Instrument, miteinander in Kontakt zu sein. Ihr Kind kann lernen, um eine Lichtsäule zu bitten, wenn es Ihre Unterstützung braucht, sei es beim Hausaufgabenmachen, beim Aufräumen oder weil ihm ein bißchen langweilig ist.

Auch Sie dürfen es bitten, Ihnen eine Lichtsäule zu schikken, wenn Sie einen schweren Tag haben oder müde sind, Kinder machen das sehr gern. Belasten Sie aber Ihr Kind nicht zu sehr.

Bitten Sie es nicht um eine Lichtsäule, wenn etwas geschieht, was seine Stabilität und Sicherheit verletzt, das hält es nicht aus. Unsere Kinder sind niemals (und in keinem Alter) unsere Freunde, Seelsorger oder Therapeuten, selbst wenn sie sich noch so bereitwillig zur Verfügung stellen. Sie tragen die Last dann auf ihren kleinen Schultern, nur, weil wir selbst sie zu tragen nicht bereit sind.

Lernen wir lieber, unseren eigenen Schutzengel um Hilfe zu bitten. Denn seine Bestimmung ist es, uns auf unserem Weg zu unterstützen, zu führen und Kraft zu geben.

Literaturempfehlungen:

Assad Peter Splieth:
Meditationen mit Kindern, Kreuzlingen 1998.

Verschiedene Meditationsformen, sehr schöne, ergebnisorientierte Meditationstexte, viele Erklärungen, warum Meditationen auch für Kinder sinnvoll sind. Für Eltern, aber auch für alle, die mit Kindern arbeiten, sehr hilfreich. Besonders zu empfehlen allen, die auch beruflich mit Kindern meditieren wollen, weil es die psychischen Wirkungsweisen deutlich aufzeigt.

Maureen Garth:
Sternenglanz, Braunschweig 1996
und
Mondlicht, Braunschweig 1998.

Wunderschöne, kurze, sehr liebevolle Phantasiereisen für Kinder; auch hier wird erklärt, warum es sinnvoll ist, mit Kindern zu meditieren. Dennoch ist das Buch meiner Ansicht nach eher elternorientiert. Therapeuten, die beginnen, mit Kindern zu meditieren, dient es eher als Ergänzung.

Besuchen Sie
Susanne Hühn
auf ihrer
Website:
www.susannehuehn.de

Weitere Bücher und CDs von Susanne Hühn erhalten Sie im **Schirner Verlag**

Susanne Hühn
Loslassen und Vertrauen lernen
Spirituelle Selbstverantwortung und innere Heilung
112 S., Taschenbuch
ISBN 978-3-89767-681-7

Susanne Hühn
Loslassen und Reichtum schaffen
Die ideale Fülle finden in 12 Schritten
180 S., Paperback
ISBN 978-3--89767-182-9

Susanne Hühn
Was Dir Kraft gibt
Kleine Rituale für das tägliche Glück
320 S., Taschenbuch
ISBN 978-3-8434-4698-3

Susanne Hühn
Katzengeflüster
Ein besonderer Ratgeber für alle, die mit Tieren leben und reden
128 S., Paperback
ISBN 978-3-89767-218-9

Susanne Hühn
Wie Dein Schutzengel Dich führt
Meditationen für Kinder
Spielzeit: 30 Minuten
ISBN 978-3-89767-221-5

Susanne Hühn
Weitere Schutzengelmeditationen
für Kinder
Spielzeit: 30 Minuten
ISBN 978-3-89767-230-7